계획의 힘
그 실천의 마법

계획의 힘, 그 실천의 마법

초판 1쇄 인쇄 _ 2021년 09월 01일
초판 1쇄 발행 _ 2021년 09월 05일

지은이 _ 이상열

펴낸곳 _ 바이북스
펴낸이 _ 윤옥초
편집팀 _ 김태윤
디자인팀 _ 이민영

ISBN _ 979-11-5877-250-5 03190

등록 _ 2005. 7. 12 | 제 313-2005-000148호

서울시 영등포구 선유로49길 23 아이에스비즈타워2차 1005호
편집 02)333-0812 | **마케팅** 02)333-9918 | **팩스** 02)333-9960
이메일 postmaster@bybooks.co.kr
홈페이지 www.bybooks.co.kr

책값은 뒤표지에 있습니다.

책으로 아름다운 세상을 만듭니다. ― 바이북스

인생 계획표가 당신의 미래를 바꾼다

계획의 힘
그 실천의 마법

이상열 지음

바이북스
ByBooks

바로 지금 시작하라

2006년 산림청에서 임업사무관으로 정년퇴임을 했다. 나의 지난날을 되짚어 보면 그게 생활의 전부인 양, 그냥 무사안일 함에 녹아들었다. 무채색, 무계획적 생활에 묻혀 지낸 삶이었다.

패기에 넘친 정열도 퇴직 후의 숱한 나날도 다 그렇게 지나가 버렸다. 때 늦은 후회를 하면 무얼 하겠는가, 오직 내 잘못인 것을. 더 이상 나 같은 무계획적이고 어리석은 사람이 생겨나지 않았으면 하는 바람이다. 무계획적 내 삶도 그렇고 빛바랜 욕망도 그렇다.

시인 단테는 말했다.

"오늘은 결코 다시 오지 않는다는 것을 생각하라."

인생은 이처럼 미끄러지듯 흘러만 간다. 떠밀려 가고 있는 내 인생, 지금 이 순간만이 있을 뿐이다. 그러하거늘 우리의 소중한 자산은 바로 오늘이고, 오늘만이 유일하게 가지고 있는 확실한 기본 자산이다.

아름다운 삶을 맞이하고 싶다면, 지금 내 인생의 앞날을 그려 봐야 한다. 그냥 무딘 만족에 주저앉지 말고, 부디 내 인생에 대한 계획의 장으로 한발을 내딛어 보자. 목표가 뚜렷한 계획된 삶은 내가 해야 할 실천 항목이며 필수적 시대정신이다. 그것은 어느 누구도 대신해줄 수 없는, 나 자신만이 할 수 있는 내 삶이다.

바로 지금 나 자신이 누구인지, 어디쯤 와 있는지, 그리고 지금까지 무엇을 했는지, 진정 바라는 바는 무엇인지, 다시 한 번 들여다볼 필요가 있다. 하고자 하는 힘은 목표가 뚜렷할 때 비로소 실천하고자 하는 용기가 솟기 시작한다. 그때 길은 활짝 열릴 것이다. 그리하여 아무도 해내지 못한 일을 이루어 내는, 나 자신의 능력을 보게 될 것이다. 하고 싶은 일은 내일로 미루지 말고 지금 바로 시작해야 한다.

시간은 영원히 그대 곁에 있지 않을 것이다. 지나고 나서 후회하는 일이 없기를! 어떤 것이 진정으로 품어야 할 소명인지를 말해주고 싶다. 그 꿈을 현실의 무대로 끌어내어 나 자신을 나답게 세워야 한다. 내 인생에 대한 계획으로, 그대의 앞날에 큰 영광 있기를 간절히 바라는 마음이다.

차례

CHAPTER 2

무엇을 계획하고 실천할 것인가

CHAPTER 3
어떻게 계획하고 성공할 것인가

CHAPTER 4
성공을 위한 실행 지침

CHAPTER 1

왜
인생 계획표를
만들어야 하는가

내 인생에
후회란 없다

내 인생의 궁극적 목표는 후회 없는 삶과 나를 다듬는 일이 될 수 있다. 지난날을 한번 생각해 보자. 과연 후회 없는 삶이었는가. 과연 나를 제대로 다듬고 살아왔는가. 후회 없는 삶에 관한 한 내 인생의 계획이야 말로 가장 믿을 수 있는 대안이다.

그러나 그것을 인지하지 못하는 데 문제가 있다. 내 인생을 위한 계획은 그렇게 어려울 것이 없다. 나 자신이 기꺼이 해내야겠다는 의지만 있으면 가능한 일이다. 이러한 것들을 해낼 수 있는 기회는 바로 나에게 달려 있기 때문이다.

시작하기에 늦은 때란 없다. 지금도 늦지 않았다. 선인들의 말 중에 늦었다고 생각할 때가 가장 빠른 때라는 말이 있다. 후회 없는 삶을 위해 지금이라도 미리미리 외양간 고치는 일을 해 두어야 한다.

그래서 여기 후회없는 삶에 대해 기술해 놓았다. 다른 사람의 잘, 잘못을 나의 가르침으로 삼는 것도 지혜로운 삶이 될 수 있다.

결단력을 높여라

우유부단함은 버리고 결단력은 높여야 발전이 있다. 지금 생각해 보면 그런 삶을 살지 않았던 게 아쉽다. 1974년에 지방산림청에 들어와서 몇 년이 지난 후의 일이다. 우연한 기회에 처음 접해 본 놀이가 고스톱이었다. 이해하기도 어렵고 이상한 놀이라는 생각에 별 관심이 없었다. 더구나 화투놀이라는 인식 때문에 그리 좋아 보이질 않았다. 그러나 이곳저곳에서 몇 번 보게 되고 그러다 보니 고스톱 놀이라는 게 단순 오락 중의 하나이구나 하는 감이 오게 되었다.

그때는 한동안 바둑에 심취해 있을 때였는데 바둑 보다는 색다른 맛을 느꼈다. 한두 번 고스톱을 접해 보면 흥미 있고 끌리는 특성이 있다.

아마 그 당시에는 친한 사람들과 함께 즐거운 시간을 보낸다는 느낌이 좋았던 내 성향이기도 할 것이다. 고스톱에 대한 이해는 컴퓨터가 나온 이후의 세대와는 느낌의 차이는 있을 것이다. 물론 그 당시에도 자기 계발에 열중하는 사람도 있고 고스톱에 관심 없는 사람도 있었다. 그런데 나는 웬지 고스톱에 재미를 느꼈다. 어디까지나 재미에 이끌려 하는 오락이었다. 소질이나 패를 읽는 안목은 매우 어둔한 편이었다.

고스톱으로 같이 어울리는 동안 친밀감도 깊어지고, 끈끈함이 있었다. 계곡에서 소주 곁들이며 놀던 일, 밤을 새워도 시간 가는 줄 모르고 즐기던 일, 장마철 마당에 물이 넘치든 말든 심취해 놀던 일, 젊은 청춘을 그렇게 소득 없는 일에 시간을 낭비했다.

고스톱이 나쁘다는 것은 아니다. 심심풀이 놀이로는 아주 제격이다.

어느 장소에서나 함께 즐길 수 있는 오락이다. 비단 고스톱 뿐만 아니라 젊은 청춘을 헛되이 보낸 나 자신을 얘기해 볼 따름이다.

한창 혈기 왕성할 때였다. 뭐라도 자기 계발을 할 수 있는 시기에 무계획적 삶에 묻혀 지낸 청춘이 아쉬웠다. 그것을 얘기해 보자면 무계획적 삶도 일종의 정신력에 관한 문제임에 틀림 없다.

젊었을 때 무엇이든 자기 계발에 힘쓸 나이인데, 그렇게 하지 못했던 것은 결단력이 부족한 데서 오는 것이라 할 수 있다. 그렇다면 어떻게 하는 것이 바람직한 것일까. 우유부단함은 버리고 결단력은 높여야 한다. 지금까지의 경험으로 볼 때 내 주장이 뚜렷하다면 가능한 일이다. 그렇다면 못할 게 없다.

잠시 동안의 쾌락에 기웃거리면 곤란하다. 그럴 때 필요한 게 결단력이다. 살다보면 정말 사는 게 마음같이 느껴지지 않을 때가 있다. 마음 둘 곳 없어 방황하는 때도 있다. 이때 주저할 것 없이 해야 할 일이 있다.

좋아하는 일에 시간을 쏟거나, 내가 무엇을 좋아해야 할지를 찾아야 한다. 얼마든지 있다. 그런 것은 관련 서적을 통해서도, 앞서 간 사람들의 경험담에서도 지혜를 얻을 수 있다.

지금이라도 그렇게 해야 한다. 그러자면 이런 노랫가락 정도의 중심 없는 정신은 버려야 된다. "노세 노세 젊어서 노세" 가락처럼 흥에 겨워 내 형편도 모른 채 함께 휩쓸리는 것은 차원이 다른 문제다. 정작 필요한 것은 알뜰한 내 삶이다.

우유부단하게 남이 이러면 이리 쏠리고 저러면 저리 쏠리고 그처럼 한심한 일은 없다.

내 삶은 내가 책임지는 일이다. 남의 시선 의식하지 말고 결단력이 필요할 땐 독한 마음으로 그렇게 해야 된다. 내가 가고자 하는 그 길을 향한 내 주장이 뚜렷해야 한다.

그러할 때 점차적으로 결단력을 높일 수 있는 능력이 생긴다. 내 인생의 생활 철학이 확고하다면, 함께 따라 오는 게 결단력이다.

후회 없는 삶을 위한 둘 명확한 목표 설정을 하라

지금껏 살아오면서 명확한 목표 설정 없이 그저 막연하게 현실에 안주하며 살아온 게 너무 아쉬웠다. 그러기에 나는 요즘 들어 가끔 이런 생각이 들 때가 있다. "예 또는 아니오"를 선택하는 문제인데, 어떤 일을 하게 될 경우를 한번 보자.

'이렇게 하겠느냐, 저렇게 하겠느냐'의 문제에서 그때 순간적인 선택으로 결정하게 된다. 만약 '예'를 선택했다면 거기서 또 이쪽이냐 저쪽이냐의 선택으로 이어지게 된다. 이러한 것들이 반복적으로 이어져 온 것이 지금의 삶이고, 그것이 결국 내 인생이 아닌가 싶다. 수많은 갈림길에서 어느 것으로 선택하느냐에 따라 운명은 180도 달라진다.

가령 쌍둥이 형제가 같은 부모 밑에서 함께 단란하게 살고 있다고 가정해 보자. 그들도 각자 '예, 아니오'의 선택은 그때그때 달라질 수 있다. 그 결과에 의해 한 사람은 서울에서 샐러리맨 생활을, 또 한 사람은 부산에서 자영업 생활을 할 수도 있다.

그것은 어떻게 선택되어지는가. 전적으로 본인 자신의 결정이다. 그때그때 곧바로 결정되는 찰나의 순간이다. 그렇게 해서 지금 여기까지 왔다. 뒤돌아보니 어쩌면 그렇게도 엉뚱하고 황당한 쪽으로만 선택했을까.

그 당시 이쪽으로 선택했더라면 좋았을 텐데, 저쪽 길을 선택했더라면 이랬을 텐데라고 후회해 봤자 이미 늦었다. 본인이 결정하고 선택한 본인의 책임이다. 그래서 순간순간 적절하게 선택되어져야만 한다. 그러나 명확한 목표 설정이 없을 때는 자신이 선택한 길이 어떤 길인지조차 모르고 결정하고 만다.

뒤늦게 후회를 해 본들 이미 어찌 할 수가 없다. 본인이 그렇게 선택한 대가를 평생 짊어지고 가게 된다. 내가 어디에 서 있고, 어디로 가고 있는지조차 모르고 있는 것이다. 그러면 사전 대비는 어떻게 해야 하는가.

슬기롭게 미리미리 대처할 수 있는 길은 있다. 명확한 목표 설정이 있어야 한다. 아무런 계획도 없고, 남이 놀 때 덩달아 휩쓸리고, 이래서는 문제가 심각하다. 그동안 어떻게 선택되어졌는지, 지금이라도 뒤돌아보면 알 수 있는 일이다.

이미 지나온 길은 그렇다손 치더라도 계속해서 후회스러운 선택을 할 수는 없는 노릇이다. 준비된 자만이 옳은 길을 선택한다는 사실 잊지 말라. 명확한 목표 설정을 하고 출발해야 한다.

뻔뻔함으로 무장하라

나는 마음이 유약한 것일까. 아니면 그저 좋은 게 좋다는 식의 낙천적인 마음일까. 요즘 어디를 봐도 마음 약한 사람이 설 자리는 없어 보인다. 그렇게 약한 마음, 그 마음 때문에 탈이라면 탈이다.

몇 년 전 백화점에 간 적이 있었다. 원주 지역에도 백화점이 하나 생겼다. 지역 상권 보호 차원이라며 반대하는 쪽도 있었지만, 우여곡절 끝에 개장이 되었다. 물건들도 다양했고 재래시장과는 분위기가 달랐다.

그때 그곳에서 사게 된 남방이 아직 옷걸이에 그냥 걸려 있다. 문제는 마음에 없는 물건을 마음이 약해져서 사고 나면, 바꾸지를 못하고 꼭 나중에 후회하게 된다. 내 돈 주고 사는 데도 내 맘대로 안 되니 배짱이 없어서 번번이 당하는 일이다.

살아가자면 배짱도, 뻔뻔함도 꼭 있어야 한다. 정말 있어야 한다. 지금껏 마음이 약해서 손해를 보면서 살아온 날들이 부지기수이니, 문제가 아닐 수 없다. 무슨 배짱이 그리도 없단 말인가. 정녕 방법이 없는 것은 아닐 것이다.

그래서 생각을 거듭한 끝에 마음을 강하게 가질 수 있는 책이 없나 하고 몇 권을 산 적이 있었다. 《배짱으로 삽시다》,《이기려면 뻔뻔하라》,

《한 번은 독해져라》, 《강심장이 되라》 등이다. 그중에서 《이기려면 뻔뻔하라》는 그런 대로 나에게 맞는 듯했다.

내 기준에 맞으면 그게 명언이고 성언 아니겠는가. 그 정도의 책이라면 뻔뻔함으로 무장하는 데 다소 도움이 되리라 믿었다.

그러나 워낙 깊고 진하게 붙어 있던 천성이라 변함이 없는 게 또한 문제다. 책을 볼 때는 어느 정도 다짐을 하다가도 얼마 지나지 않아 언제 그랬냐는 듯이 일상생활에 묻히곤 했다. 그래서 나처럼 아무 곳에도 쓸모없는 유약한 사람이 되기 전에, 평소에 그런 쪽으로 갈고 닦아야 한다.

어차피 삶이라는 전쟁터에 나선 이상 이길 수 있는 뱃심을 길러야 한다. 그래야 대접을 받고 내 삶의 주인공이 될 수 있다. 다른 사람의 시선을 싹 무시해야 할 땐 그렇게라도 해야 한다. 뻔뻔함으로 무장할 때, 그때 내 삶을 지킬 수 있는 힘이 생기기 때문이다. 심약한 마음으로는 험난한 세상 헤쳐 나가기 어렵다.

그러면 어떻게 해야 할까. 강한 것이 옳은 것을 이긴다는 말도 있다. 이기려면 강해야 한다. 강해지려면 의도적으로라도 한번 뻔뻔해 봐야 할 일이다. 책으로도 해결이 안 된다.

젊어서부터 생활화되어야 한다. 절대 움츠려 들지 말고 목표를 달성하는 그날까지 그렇게 할 필요가 있다. 뻔뻔함의 척도에 따라 그 사람의 지위나 부가 달리 보이는 현실일지도 모를 일이다. 이것저것 가릴 것 없다. 유약함을 버리고 뻔뻔함으로 무장해야 한다.

돈은 악착같이 모아라

지나온 세월, 돈에 대한 애착심보다는 마음의 안락을 더 중히 여긴 듯, 그렇게 일흔 여섯의 세월이 되었다. 그때 이런 것을 이렇게 했더라면 하는 것 중에 금전적 아쉬움도 있다. 내 손으로 처음 돈을 벌어 본 것이 28살 때였다.

그 전에는 고향에서 친구들과 어울려 다니는 게 생활의 전부였다. 그만그만한 친구들이 여럿 있었다. 모이면 항상 즐거웠고, 그런 세월에 묻혀 지냈다. 하나 둘 각자의 길로 흩어질 무렵, 그때서야 어설프게 직장을 찾아 나섰다.

영등포구청에 9급 공무원으로 발령을 받아 첫 월급을 받은 게 1973년이다. 2만 몇 천원으로 기억된다. 월급봉투에 현찰로 받았다. 그게 처음 돈을 벌어본 경험이다. 몇 개월 뒤 사직서를 내고, 다시 산림청 공무원 생활로 접어들었다. 뒤늦게 뛰어든 그곳이 내 삶의 전부인 양, 안주하게 된 것이다.

청춘도 젊음도 헛되이 보냈고, 돈이라는 개념도 희박했었다. 그래도 마음만은 늘 풍요로웠다. 젊음이 그래서 좋은 건데, 그때는 그걸 모르고 지냈으니 후회는 항상 늦다는 것을, 이제야 느껴본들 아무 의미가 없다.

한 살이라도 젊었을 때 돈은 악착같이 모으라고 이 마음 전할 뿐이다. 그것은 삶에 있어서 가장 기본적이고 절대적 개념이다. 돈에 대한 아무런 개념 없이 살아가서는 안 된다. 그래선 절대로 발전이 없다.

그러면 어떻게 해야 할까. 20몇 년전에 중국 여행을 가 본 적이 있었다. 그때 장가계라는 곳에서 10대 중국 소년들이 "천워이, 천워이" 하며 따라다니는 걸 본 적이 있었다. 그게 한국 돈 천 원만 달라는 뜻이다. 요즘은 중국에 가 봐도 그런 소년들은 없다. 그 사이 경제 대국이 되어 그들도 나름대로 여유로운 생활이 되었다.

그 중심엔 '흑묘백묘'론이 있다. 검은 고양이든, 흰 고양이든 쥐만 잘 잡으면 된다는 뜻이다. 등소평이 취한 중국의 경제 정책이다. 즉 경제를 살리기만 한다면 그게 무슨 상관이 있냐는 게다. 이에 힘입어 중국은 비약적인 경제 발전을 거듭했다.

그러한 이론을 우리의 일상생활에 끌어다 쓸 수도 있다. 흑묘백묘론을 풍자적으로 빗대어 흑전백전(黑錢白錢)론을 생각해 보면 된다. 여기서 전은 돈을 한자어로 표현한 말이다. 궂은일이든 수월한 일이든 가릴 것 없이 돈을 모으라는 뜻이다.

"돈에는 꼬리표가 없다"라는 말이 있듯이 그러한 정신이 필요하다는 의미다. 모아둔 돈은 헛되이 써서도 안 된다. 흑전백전론의 희망적인 위력을 발휘할 때다. 모아두면 다 내 것이 되는 것이고, 그래야 통 큰 인생을 살 수 있다.

결국 이 세상에 돈 아니면 움직일 수 없다는 사실을 일찍 느껴야 한다. 사회를 탓할 일이 아니다. 내 무능함을 탓해야 한다. 더 늦기 전에 얼마든지 바로잡을 수 있다. 한번 내 손에 들어온 돈은 악착같이 아끼고, 돈이 될 일은 끝까지 챙겨야겠다는 인식이 깊이 새겨져야 한다.

아무 의미 없는 일에 시간과 돈을 낭비해서는 발전이 없다. 허세 부릴 때가 아니다. 젊음이야 그 자체가 축복이니까 굳이 돈을 들이지 않아도 즐김을 가질 수 있을 게 무한정으로 있다. 흑전백전론의 정신을 생활 신조로 삼고 5년 후를 기약해 보자. 분명 아름다운 삶이 나 자신을 기다리고 있을 것이다.

지금부터 계획이
내 인생을 결정한다 ——————

우리가 일상생활에서 포기하고 좌절하는 것은, 아직 내 인생에 대한 확고한 믿음이 없기 때문이다. 앞으로 3년 또는 5년 동안 모든 에너지를 집중시킬 만한 일생일대의 계획이 있는가. 막연하게 하루하루를 보내고 있는 것은 아닌가. 그렇다면 지금 해야 할 일이 있다.

먼저 내 인생의 궁극적 목표가 무엇인지를 심도 있게 생각해 봐야 한다. 학생의 경우는 3년 또는 4년으로, 일반인은 5년 단위로 내 인생의 계획을 구상해야 한다. 이 책에서도 똑같이 적용된다. "새벽은 새벽에 눈뜬 자만이 볼 수 있다"라는 말이 있다. 눈을 뜨지 않고서는 알 수 없는 일이다. 여전히 밤중일 수밖에 없는 노릇이다.

깨어나야 한다. 몇 년 후 성공한 나 자신을 기약해 보자. 기어코 이루어내고야 말겠다는 확신을 가져야 한다. 몇 년 후 내 인생은 지금부터 내가 어떻게 하느냐의 결정 여하에 달려 있다. 굳은 의지를 펼쳐 보인다면 어떤 장애물도 극복할 수 있다. 나는 지금 내 인생의 미래를 결정짓는 중차대한 기로에 서 있다. 그것을 잊지 않아야 한다.

목적지를 알고 가야 한다

행정사 실무 교육을 받으러 간 적이 있었다. 그때 행정사협회 교육장을 찾아 나섰을 때의 일이다. 서울 지리를 잘 몰라 순전히 내비게이션만 믿는 처지였다. 그런데 그날따라 내비게이션이 잘 가다가 엉뚱한 곳을 몇 번 안내하곤 했다. 시스템에 오류가 생겼나 보다.

그래서 애를 먹은 적이 있었다. 내가 가야 할 길을 제 코스대로 찾아가는 것은 부드러운 일이 될 수 있다. 그러나 이쪽인지 저쪽인지 분간이 안돼 헤매기만 한다면 얼마나 답답한 일이 되겠는가. 건물을 찾아 가는 것은 눈에 보이는 일이다. 곧바로 눈치챌 수 있다.

그렇지만 내 인생 가는 길은 어떠한가. 곧바로 눈치챌 수 있는 길이 아니다. 헤매고 있는지조차 모르고 마냥 가고 있는지도 모를 일이다. 나중에 어렴풋이 짐작할 때는 이미 늦은 것을 알게 된 이후다.

그렇다면 내 인생 어떻게 길을 나서야 할 것인가. 성공한 사람들의 성공담을 들을 수도 있다. 위인들의 자서전을 볼 수도 있다. 그러나 그것은 어디까지나 참고 사항은 될 수 있으나 전부는 아니다. 그러한 것들을 바탕으로 계획은 내가 세워야 한다.

오직 내가 할 수 있는 나만의 일이다. 한번 생각해 보자. 어디를 가든 맹목적으로 길을 나서는 사람은 없다. 그러하거늘 내 인생에 가야 할 명확한 목표도 없이 간다는 게 있을 수 있는 일인가. 내가 가야 할 목적지가 명확하지 않으면 이리 치이고 저리 치이고 헤매기만 할 뿐이다.

그렇다면 분명해졌다. 내가 어디에 서 있고 어디로 가야 할지를 명확히 해야 한다. 나를 알고 내 주변을 살펴볼 때에 내가 가야 할 길이 제대로 보이게 된다. 목표 설정이 곧 내 삶의 내비게이션 역할을 해 주게 될 것이다.

목표 설정을 할 사람은 이 세상에 단 하나 오직 나 자신뿐이다. 다른 곳에 한눈팔고 있을 때가 아니다. 제대로 가고 있는지 살펴봐야 한다. 내 인생의 미래에 대한 계획이 필요한 것도 다 그 때문이다.

대충대충 살다 보면 끝장나고 만다

목표도 없이 살아간다면 경쟁에서 이길 수 없다. 우리네 삶은 경쟁의 연속이다. 누가 그것을 원해서도 아니다.

문밖에만 나서면 곳곳에 경쟁이 도사리고 있다. 사회생활의 시스템이 그렇게 짜여져 있기 때문이다. 그렇다면 이 시점에서 내가 해야 할 일은 무엇일까. 정신 바짝 차려야 대처할 수 있는 현실이 되었다.

경쟁에서 뒤처지지 않으려면 그 길 밖에 없다. 그렇지 않으면 도태되고 만다. 도태되지 않으려면 덮어놓고 경쟁에는 이겨야만 된다. 대충대충 살다 보면 이것도 저것도 아닌 패배자로 살게 된다.

경쟁에서 이겨야 대접 받을 수 있다. 그것이 우리네 현실이다. 핑계 댈 것도 없다. 그것은 약자가 가지는 마지막 도피처일 수밖에 없다.

지금 우리가 하려는 일은 내 인생의 미래를 위해 계획의 길로 가자는 의지의 과정이다. 현 단계에서 필요한 것은 내가 얻고자 하는 바람을 획득하자는 데 있다. 대충대충 살다 보면 반드시 난관에 봉착하게 되고 만다.

내가 계획하고 있는 일, 꼭 이루고자 하는 일을 향해 나아가야 한다. 내 나름대로의 열정을 다해 보면 된다. 거창한 무엇인가를 하자는 게 아니다.

자기 자신에게 당당한 내가 되는 것, 그것이면 충분하다. 대충대충 살다 보면 내 인생도 대충대충 사는 인생이 되고 만다. 그래서 결국엔 끝장나고 만다. 매일매일 자기의 능력 범위 내에서 나를 다듬어 나아갈 때 바라는 목표가 눈앞에 펼쳐지게 된다.

준비만큼 확실한 축복은 없다

옛날에 낚시를 갔을 때의 일이다. 요즘은 시들해졌지만 그때는 가끔 낚시를 다녔다. 어느날 오랜만에 밤낚시를 떠났다. 원주에서 영월 쪽으로 가다 보면 야트막한 저수지가 하나 있다. 큰 붕어들은 드물지만 일곱 치 이상의 월척급 붕어들은 그런 대로 낚인다.

초저녁 입질보다는 새벽녘 입질이 잦은 편이다. 큰 붕어는 주로 아침에 잘 나온다. 낚시에 정신을 쏟을 때는 담배 피우는 맛이 너무 좋다. 지금이야 담배를 끊었지만 그 당시에는 하루에 한 갑 하고도 몇 개비 더 피우던 때다. 그런데 중간에 담배가 동이 났다. 별도로 한 갑 더 챙긴다고 챙긴 담배가 안 보인다. 그럴 땐 맥이 풀린다. 시간이 지나면 지날수록 담배 생각이 더 간절하다.

해도 그만, 안 해도 그만인 낚시조차도 챙길 것 제대로 못 챙기면 이처럼 일이 꼬이게 된다. 하물며 인생에서 준비를 소홀히 한다면 어떻게 될까. 생각만 해도 아찔한 상황이 펼쳐질 것이 분명하다. 그때는 손써볼 방법이 없다.

내 인생, 준비된 자만이 그 축복을 누릴 수 있음을 깊이 인식하고, 열정으로 채워 나가야 한다. 세월은 그렇게 흘러가고 훗날은 반드시 오늘이 된다. 평균 수명도 길어졌고 세상도 더 복잡해졌다. 그만큼 삶에 채워야 할 것들이 많아졌다는 뜻이다.

우리는 하루하루를 그저 보내지 말고 내가 가진 모든 역량을 쏟아부어야 한다. 막연히 잘 되겠지 하는 생각으로 허송세월을 보낸다면 어떻게 될까. 아름다운 삶은 결코 오지 않을 것이다. 고단한 삶이 그대를 기다리고 있을 따름이다.

사소한 일에서도 준비가 소홀하면 엉망이 되는 경우가 있는데, 하물며 인생살이에서야 더 말할 나위 있겠는가, 미리미리 준비해야 된다. 그래서 내 인생 5개년 계획이 더 더욱 필요한 일이다. 준비만큼 확실한 축복은 없다.

5년 후, 나는 어떤 삶을 살고 있을까

인생이란 무엇인가. 불현듯 생각하면 혼란스러워지는 생각 중의 하나다. 시간이 지남에 따라 세월은 다르게 느껴진다. 그러한 것들이 다나이 탓인가 보다. 지난날들을 생각해 볼 때가 더러 있다. 아마도 지금의 내가 어디쯤 왔는지 궁금해서일지도 모를 일이다.

5년 후, 나는 어떤 삶을 살고 있을 것인가. 그 또한 궁금한 일이다. 지나온 길, 5년 전 내 모습과 지금의 내 모습을 한번 비교해 보자. 뭔가 느껴지는 부분이 분명 있을 것이다. 5년 전 그 당시 계획된 삶으로 지금까지 살아왔다면, 그러한 5년은 값진 세월이었을 것이다.

그럭저럭 지내온 5년의 세월이었다면, 발전도 없고 하루살이 인생과 다를 바 없다. 지난 5년간 나는 무엇을 하며 여기까지 왔을까. 허무하게 지내왔을 수도 있다. 앞으로 5년간 다가올 내 삶에서도 그렇게 허무하게 보낼 것인가. 결코 그렇게 보낼 일이 아니다.

5년 후 나의 모습을 한번 그려 보라. 아무 의미 없이 그렇게 보낼 수는 없는 일이다. 지금은 서둘러야 할 때다. 그러한 방법 중에는 여러 가지가 있을 수 있다. 각자 나름대로의 생활 패턴이 있을 것이다.

옆 동네 공인중개사 사무실의 박 소장의 경우를 보면 꼭 아침에 하는 습관이 하나 있다고 했다. 나에게도 한번 해 보라고 권하는 요지는 이러하다. 아침에 일어나면 그날의 할 일이나 생각들을 노트에 적는 일이다. 준비물은 휴대용 간편 노트와 샤프펜 정도면 된다.

준비물을 머리맡이나 책상 위에도 둔다. 기상과 동시에 생각나는 대로 적는다. 모든 생각을 다 적는다. 일어나서 다른 일 보다가 적으려고 하면 곤란하다. 생각이 흐트러지기 때문에 효과가 반감될 수도 있다.

자다가도 생각나는 일이 있으면 아무렇게나 기록해 놓으면 된다. 내 생각 하나하나가 오늘의 할 일에 기록되면 되는 것이다.

그것을 체크해 가며 하루를 보낼 수 있다. 하루를 보낸 후 나는 오늘 무엇을 했는지 점검을 할 수도 있다. 잠자리 들기 전 10분 정도의 짬을 내는 것으로도 충분하다. 자신을 돌아보는 기회를 갖는 의미도 있다.

그래서 나도 따라 해 보기로 했다. 대수롭지 않은 일 같지만 생각보다 효과가 좋았다. 꾸준히 해 보는 것에 의미가 있을 것이다.

그렇게 생활화되면 결국 인생이란 '자기 하나 만들기'라는 나름대로의 철학도 느끼게 된다. 저명한 학자들의 학술적 얘기보다 더 깊이가 있다. 본인 자신이 겪는 인생의 기록이 더욱 현실적이고 진정성 있는 것일 게다.

과거도 미래도 아닌 오직 오늘 이 순간들이 차곡차곡 쌓여가는, 그게 인생이랄 수 있다. 그렇게 지낸 오늘이 내일을 만들고 그 하루하루가 쌓여 내 인생을 이룬다. 의미 있는 하루하루가 모여 1년이 되고, 또 5년이 되는 것이다.

몇 년 후 내 인생, 지금 보다 변화된 모습의 나를 원한다면 오늘을 헛되이 보내서는 아무런 의미가 없다. 내가 진정으로 원하는 내 인생의 꿈을 이루고자 한다면, 내 인생에 대한 계획을 설계해 봐야 한다. 그러한 삶은 하루하루가 남다른 삶이 될 수 있다. 내가 있어야 할 자리, 즉 좌표축이 설정되어 있기 때문이다.

꿈이 있는 곳에 길이 있다. 뜻이 굳건해야 추진력이 생긴다. 그냥하지 말고 3년 또는 5년 후 나는 무엇이 될 것인가를 분명히 해야 된다. 머뭇거리지 말고 나 자신의 꿈을 현실로 변화시킬 때가 되었다.

정성을 쏟은 5년 후,
나는 어디에 있을 것인가.
나는 무엇을 하고 있을 것인가.
나는 어떤 사람이 되어 있을 것인가.

능력이 아니라
목표가 없어서 실패한다 ──────

나는 왜 발전이 없을까. 왜 궁색함에서 벗어나질 못할까. 한번 뒤돌아 보자. 어떻게 살아왔는가를. 동기 부여가 있었는가. 목표 설정이 뚜렷했 는가. 살아가는 데 있어서 어떠한 경우라도 목표는 매우 중요한 일이다.

계획 세우기를 게을리 하는 사람은 항상 뒤처진 삶을 살게 된다. 영 국의 저명한 역사가 칼라일은 말했다.

"명확한 목표가 있는 사람은 가장 험난한 길에서도 앞으로 나아가게 된다. 그러나 아무런 목표가 없는 사람은 가장 순탄한 길에서조차도 앞 으로 나아가지 못한다."

목표의 중요성을 일깨운 의미 있는 명언이다. 목표가 확실하다면 순 탄한 인생길이 된다. 그렇지 않다면 아무리 좋은 기회가 와도 그것이 무 엇인지조차 모른 채 가게 된다. 그렇듯이 아무 생각 없이 삶을 이어가서 는 곤란하다.

어떠한 경우라도 삶의 목표가 뚜렷해야 한다. 그래서 내 인생의 계획 이 더더욱 필요한 것이다. 그저 되는 대로 살아가다 보면 형편없는 낙오

자가 될 뿐이다. 지금보다 나은 삶을 바란다면 먼저 명확하고 구체적인 목표를 구상해야 한다. 능력이 아니라 목표가 없어서 실패한 삶을 살아갈 수 있다.

인생은 단 한 번뿐이다

지난밤, 꿈에 나는 어떤 길을 거닐다 잠을 깼다. 현실에선 한 번도 가 보지 않은 길인 듯하다. 그러나 오래전 꿈결에 몇 번 거닐던 길임에 틀림없다. 햇살인지 달빛인지 아늑함으로 가득했다.

꿈결에선 몇 번씩 거니는 그 길이 궁금하다. 전생이란 게 과연 있을까. 그저 꿈이려니 해 본다. 그러나 그런 날 아침이면 곰곰이 생각해 볼 때가 있다. 내가 가야 할 곳은 어디며 어디쯤 가고 있을까.

누군가는 얘기했다. 인생은 되돌아가는 길이 없는 여행이라고. 정말 그렇다는 생각이 든다. 잡힐 듯 그려지는 꿈결인 양, 상념에 젖는 일이 잦아진다. 인생 일흔을 훌쩍 넘긴 지금, 내 인생은 제 길을 가고 있는지. 설령 잘못 들어선 길이라 해도 되돌릴 수는 없다.

그렇다고 낙담하거나 좌절할 것까지는 없지 않은가. 지나치게 상념에 젖어 일을 그르치게 되면 곤란하다. 가야 할 길에 걸림돌이 되고 만다. 인생은 단 한번뿐이다. 우물쭈물할 겨를이 없다. 이러한 일들은 일찍 깨우쳐야 한다.

나처럼 늦은 나이에 이러니저러니 할 사항이 아니다. 때늦게 무엇을 해보겠다고 그저 생각만 부산한 요즘이다. 그래서 지난번에는 나를 단순화해 보겠다며 이것저것 정리를 했다. 어느 곳엔 공무원 생활 때 받았던 빈 월급봉투가 여러 장 있는 걸 보았다. 아마 생활의 흔적이라고 그냥 두었던 모양이다. 어떤 사람은 여섯 폭 병풍으로 만들어 간직하는 이도 있다고 했다. 그야 생각 나름이겠지만 이제는 하나 같이 별것 아니라는 사실이 이것저것으로 쓰레기통을 채웠다.

그러한 일들이 과거가 아닌 지금 현재를 산다는 것의 의미를 생각해 보게 한다. 부질없는 마음일랑 미련 없이 버려야 한다. 한번뿐인 인생이다. 오직 한번만의 삶이 있을 뿐이다.

지금이 바로 기회다. 내가 가고자 하는 길이 명확해야 한다. 미리미리 내 인생의 계획도 세워야 할 때다. 그러할 때 꿈결 같은 아름다운 삶이 펼쳐질 것이다.

실패를 두려워하지 말라

벌써 40여 년 전의 얘기다. 그날 저녁에 홍수환 선수가 출전하는 타이틀 매치 권투 중계방송이 있다고 했다. 보려고 잔뜩 벼르고 있었다.

그런데 중계방송을 못 보게 되는 사달이 나고 말았다. 지방 산림청에서 그리 멀지 않은 횡성 지역에 산불이 났던 것이다. 필수 요원 몇 명만 남고 현장 출동을 하고 그렇게 날밤을 샜다. 중계방송 본다는 것은 엄두도 못 낼 일이 돼 버렸다.

그 후 재방송을 보았다. 홍수환 선수, 정말 대단했다. 파나마에서 열린 타이틀 결정전에서 카라스키야를 3회 KO로 누르고 챔피언이 되었다. 2회 때 4번 다운된 뒤 3회에서 KO승하며 4전 5기 신화를 이루어냈다.

그때의 일전은 전 국민적 사건이었다. 4전 5기의 승리는 지금까지도 우리의 가슴에 남아 있는 신화라 할 수 있다. 아놀드 테일러를 꺾고 챔피언에 등극할 당시만큼이나 극적인 승부의 대명사가 되었다. 대단한 투지의 소유자다.

실패를 두려워하지 않고 4전 5기의 투혼을 발휘한 프로 권투 선수다. 그의 투혼과 성공은 국민에게 커다란 희망을 안겨 주었다. 여기서 우리가 취해야 할 교훈적 메시지가 있다. 절대로 실패를 두려워해서는 안 된다는 사실이다.

시도를 해 보지도 않고 놓치는 기회야말로 그 무엇보다 두려워해야 할 일이다. 우리는 넘어지는 것을 너무 두려워하고 있다. 한번 넘어지면 다시 못 일어날 것처럼 실망스러워 한다. 많은 사람들은 실패를 두려워하지만 실패 그 자체가 두려운 것은 아니다.

그로 인해 좌절 상태에서 헤어나오지 못함을 두려워해야 한다. 실패와 좌절이 있기에 성장도 있는 것이고, 결국에는 성공도 있는 것이다. 그것은 시행착오를 통해서 실수를 최소화할 수 있기 때문이다.

이러한 과정으로 이끌어내지 못하고 주저앉을 때, 그때가 문제다. 패배자로 남게 될 승산이 높다. 어린아이들이 실패를 두려워하지 않는 모습을 한번 생각해 보자. 그것만을 이루어내겠다는 생각 이외에는 다른 생각이 없는 것을 볼 수 있다.

어린아이들이 스케이트를 배우려고 할 때 넘어지면 또 일어서고, 아무 일 아닌 듯 반복해서 하는 걸 보면 이해가 된다. 그것도 좋다고 웃으면서 일어나는 모습이다. 넘어지면 또 일어서는 것, 바로 이것이다.

정작 중요한 것은 넘어지지 않는 게 아니라 그것을 통해 일어서는 법을 익히는 것이다. 실수와 실패를 두려워하지 말라. 어떤 일이든 용기를 내서 마주치는 것이 중요하다. 끊임없이 부딪히고 경험을 쌓아 보자.

실패를 두려워하지 않는다면 나도 홍수환 선수 못지않은 인생 챔피언이 될 수 있다. 내 인생 5개년 계획의 추진을 위해서는 그러한 정신이 더없이 필요한 일이다.

생각을 바꾸면 삶이 바뀐다

생각은 행동의 기본 단계다. 어떤 일을 하기 전 반드시 요구되는 것이 생각이다. 자신의 운명을 바꾸는 행동의 첫 시발점은 역시 자신의 생각이다. 그러니까 내가 가진 내 생각을 내가 컨트롤할 수 없다면 그 누가 어떻게 할 수 있단 말인가.

작은 욕심에 휘둘려 노심초사하고 아등바등하며 살아갈 일이 아니다. 무슨 일이 닥쳐도 긍정적으로 생각하는 것이 지혜로운 삶이 된다. 그것은 오로지 나만이 할 수 있는 나의 일이다.

사는 곳이 천국이 되느냐 지옥이 되느냐는 본인의 마음먹기에 달려 있다는 말이 있다. 주변에 흔들리지 않는 나만의 확고한 생각이 필요하다.

그런 생각 자체를 지니면 마음 어느 곳엔가 천국이 자리를 잡을 수 있게 된다. 천국이라는 것도 결국 마음먹기에 달렸다. 어떻게 마음가짐을 가지느냐에 따라 각자 인생의 빛깔은 그 빛을 달리하게 된다.

이렇게 삶의 빛깔을 달리하는 것도 의미 있는 삶을 사느냐, 그렇지 않느냐에 달려 있다. 의미 있는 삶을 바란다면 생각을 바꿔야 한다. 생각을 바꾸면 얼마든지 의미 있는 삶을 살아갈 수 있게 된다.

미국의 철학자 윌리엄 제인스는 말했다.

"생각이 바뀌면 행동이 바뀌고, 행동이 바뀌면 습관 자체도 바뀌게 되고, 또한 습관이 바뀌면 운명도 바뀌게 된다."

이는 생각을 바꾸면 모든 일이 바뀌기 시작한다는 뜻이다. 자신의 생각을 바꿀 수 없는 사람은 결코 현실을 바꿀 수 없다.

그러한 생각으로 자기 자신을 믿는 순간 의미 있는 삶이 펼쳐지게 된다. 그렇게 생각을 바꿔 의미 있는 삶을 이룬 고객이 있었다. 우리 부동산 사무실에 들러 아파트 매매 계약을 한 젊은 부부가 그렇다.

몇 년 전 아파트를 사겠다고 했다가 계약이 성사되기 직전에 포기한 고객이다. 도저히 잔금을 치룰 능력이 안 된다는 것이다. 그러다 몇 년이 흐른 올해 매매 계약을 했다.

몇 번 번복한 끝에 집을 사게 된 경위를 얘기해 줬다. 그들은 동대문에서 국밥집도 했고.종로에서는 곱창구이집도 해봤다고 한다. 그러나 수입이 변변찮게, 그렇게 몇 년을 보냈다는 것이다. 그러던 어느 해 태백 지역에서 이름난 한우 연탄구이집에 들르게 되었다.

고기 맛은 물론이려니와 완전 실비 가격에 항상 북적대는 손님을 보게 되었다. 그곳에서 크게 느낀 바 있어 생각을 달리하는 계기가 되었다고 했다.

지금처럼 해서는 경쟁에 이길 수 없다. 남들보다 특출한 것이 있어야 한다. 이같은 굳은 결심을 하고 피나는 노력을 했다. 밤낮으로 그 일에만 몰두하여 한우 연탄구이집으로 간판도 바꾸었다. 반응이 좋아 점차 매상도 많이 올랐다고 한다. 그래서 모친이 원주에서 거처할 수 있는 집을 마련할 수 있게 되었다는 것이다. 생각을 바꾸고 독하게 마음먹으면 삶이 바뀔 수 있다는 것을 보여준 교훈적 사례다. 이렇게 마음을 어떻게 가지느냐에 따라 삶의 질이 달라질 수 있다는 것이다.

생각을 바꾸면 현실이 변화될 수 있다. 그 생각의 상상력은 현시점에서 무엇을 알고 있는가 보다도 더 중요한 것이 된다. 좋은 생각만이 좋은 길로 인도하는 힘이 있다. 생각을 바꿀 때 아무도 해내지 못한 일을 이루어내는 힘을 발휘하게 되는 것이다. 개인의 역량을 최대치로 끌어올릴 수 있는 가장 강력한 힘이 바로 생각이기 때문이다.

정신일도 하사불성

학교 다닐 때 선생님께서 들려준 말씀이 생각난다. 바다 건너 어느 나라 교도소에서 사형을 집행할 때의 얘기라고 했다. 그날은 교수형 대신 주사기로 피를 뽑아 집행하기로 결정했다고 한다.

집행관이 사형수의 동맥에 대형 주사기를 꽂고 양동이에 피를 받고 있었다. 고요함 속에 양동이에 피가 떨어지는 소리만 똑, 똑 일정하게 울려 퍼질 뿐이다. 시간이 흐를수록 사형수는 축 늘어지고 서서히 의식을 잃게 되고 만다. 그렇게 얼마가 흐른 후 검시관이 사형수의 목숨이 다했음을 알리고 있다.

놀라운 반전이 있다. 실제로는 동맥에 대형 주사기만 꽂고 피는 뽑지 않았다. 양동이에 울려 퍼지는 소리는 음향 효과만 넣은 것이다. 그런 상태인데, 사형수는 자기 몸에서 피가 계속 빠져나가는 것으로만 믿게 된 결과다.

이렇듯 정신력이야말로 사람의 생명력까지 넘볼 정도로 대단한 것이다. 정신일도 하사불성을 학생들에게 인식시키려고 선생님께서 일례를 들어 말한 것이다.

정신일도 하사불성, 즉 정신을 한곳에 집중하면 못 이루는 게 없다는 뜻이다. 너무나 잘 알고 있으면서도 잘 되지 않는 성어다. 정신을 한군데 모은다는 것은 그 일 이외의 생각은 버려야 된다는 의미다.

이루지 못할 망상에 헛된 시간과 잡념은 버려야 된다. 우리에게는 어떤 일이든 해낼 수 있는 힘이 있다. 그 힘을 한곳에 모이게 하는 것은 잠재의식과 하나가 되게 한다는 뜻이다.

　잠재의식 밑바닥에는 누구에게나 무한한 능력이 깔려 있다. 그냥 묵히지 말고 내 것으로 만들어 힘차게 전진해야 한다.

나는 서 있고 다른 사람은 뛰어가고 있다

다른 사람들은 이미 제 갈 길을 향해 뛰어가고 있는 세상이다. 뒷짐 지고 있는 나 자신을 기다려 줄 세상은 아무 곳에도 없다. 더구나 내 것 아니면 살아남을 수 없는 현 시대를 살아가고 있는 것이다. 바로 이 시점에서 느껴야 할 게 있다.

이곳에서는 한걸음 한걸음이 항상 시작이고 전투에 임하는 자세이어야 한다. 그래서 남다른 각오가 있어야 된다. 열심히 뛰어가고 있는 사람과 뒷짐 지고 있는 사람과의 차이는 엄청나다. 시간이 지나면 지날수록 더 차이가 난다.

결국엔 따라잡을 수 없게 되고 만다. 자포자기에 빠져들 수밖에 없다. 자포자기에 빠져 파산 신청을 낸 기업가가 금년에는 무척이나 많다고 한다. 코로나의 여파도 무시할 수 없을 것이나 반면에 어떤 기업가는 불황을 이겨내고 눈부신 발전을 이뤄낸 곳도 있다.

이러한 차이는 어디에서 나오는 것일까. 물론 여러 가지가 있을 수 있겠지만 한 가지 분명한 사실이 있다. 누구든 머뭇거리지 말고 열심히 뛰어야 살아남을 수 있다는 현실이다. 그러기 위해 내 인생에 대한 계획도 구상해 봐야 하고, 함께 뛸 준비도 해야 한다. 계획에 따른 그 실천은 분명히 놀라운 마법으로 보상해 줄 것이다.

지금의 나, 마음에 드는가

나는 왜 지금 여기에 있는 것일까. 지금의 나, 마음에 드는가. 지금처럼만 한다면 내가 원하는 삶을 살 수 있을까. 지금의 나를 냉철하고 깊이 있게 한번 들여다볼 필요가 있다.

지금 이 시대는 스스로의 목표 의식과 열정 없이는 살아남을 수 없다. 살아남는 방법은 단 한 가지다. 나 자신을 위해 일하는 것이다. 내가 원하는 삶은 무엇인지. 목표를 구상하고 그 길을 향한 전략적 삶이 돼야 한다.

진정으로 바라는 것은 나 자신을 위한 원대한 꿈이 있는가가 중요하다. 머뭇거리거나 한가롭게 지내서는 어려운 일이다. 그러한 삶으로는 얻을 수 있는 게 없다. 지금의 나를 완전히 바꿀 목표 설정에 초점이 맞춰져야 한다. 목표 설정이 되어 있어야 열정을 불태우고 스스로를 바꿀 수 있기 때문이다.

잊지 말아야 할 것은 뭔가 잘못되어 가고 있다고 느낄 때가 기회다. 다시 한 번 나를 되짚어 봐야 한다. 지금의 삶이 만족스러운가. 내가 바꿀 수 있는 것은 무엇인가. 나 자신을 위한 원대한 꿈이 있는가를 살펴보는 것이 필요한 태도이다.

지금 이 순간이 쌓이고 쌓여 내 삶이 된다. 내가 누리는 지금 현재를 허망하게 보내는 것이야말로 가장 어리석은 일이다. 그렇게 되면 비참한 삶이 기다리고 있을 뿐이다. 명확한 목표 설정이 있어야 된다.

나 자신에게 내 인생의 미래에 대한 계획의 의미는 변화된 삶을 위해서다. 내 인생의 계획이 그래서 더더욱 필요하다. 나 자신이 바라는 꿈을 향해 무모하다 싶을 정도로 마음을 집중해 보라. 가슴속에 남아 있는 어리석은 생각들을 힘 있는 에너지로 바꿔야 한다.

이 세상에 나는 오직 하나

내 인생의 주인공은 바로 나 자신이다. 어떤 경우에도 이 세상에 나는 오직 나 하나뿐이다. 그 누구와 비교하려고 애쓰지 말고 그냥 나는 나대로 살아가면 된다. 내 인생의 세월을 지나오면서 터득한 생활 철학이다. 그 본질을 한번 느껴 보자는 것이다. 내가 이루고자 하는 그 길만을 위해 착실하게 나가면 그게 바로 올바른 나의 삶이다.

그러한 깨우침으로 꿈을 이루어낸 위인들의 생활상을 들여다볼 수 있다. 그중에 미국 32대 대통령 루스벨트를 한번 보자. 그의 성공 요인은 나 자신을 믿는 믿음이라고 했다. 30대 후반에 소아마비에 걸려 걷기조차 힘든 지경에 이르렀다고 한다.

이 세상에 나는 오직 하나라는 믿음으로 극복해 나갔던 것이다. 독한 재활 훈련 끝에 어느 정도 회복이 되어 정계에 복귀하게 되었다. 그리하여 미국 역사상 유일무이한 4선 대통령이 된 인물이다.

그는 가난하고 실패한 사람들의 희망이 되었다. 내 인생의 주인공은 바로 나 자신임을 몸소 보여준 위인이다. 낙담하고 절망한 사람들을 격려하며 용기를 주었다. 바로 그것이다. 나의 무한한 가능성을 믿는 믿음이 중요하다. 그러한 정신을 본받자는 것이다.

오늘 이 순간은 다시는 되돌아오지 않는다. 오직 한 번의 삶을 누릴 수 있을 뿐이다. 나에게 주어진 단 한번만의 기회다. 내가 마음만 먹으면 안 될 일이 뭐가 있겠는가. 나는 나에게 주어진 단 한 번의 기회를 놀랍도록 아름다운 삶으로 만들어 갈 수 있다.

그 삶은 내가 그렇게 선택을 하는 순간부터 가능해진다. 그전에 내가 어떠했는가는 문제가 아니다. 지금 현재의 내가 어떤 사람이냐가 중요하다. 지금부터가 문제다. 그것을 일찍 깨우쳐야 한다.

그렇다면 현시점에서 내가 해야 할 일은 무엇이겠는가. 다른 생각할 것 없다. 곧바로 실행하는 길만이 있을 뿐이다. 시간에 쫓기고 생활에 쫓겨 아등바등 살아가는 사람들을 한번 들여다보자.

그들은 바로 자신이 해야 할 지금의 기회를 놓쳤기 때문이다. 그러다 보니 정작 중요한 일은 뒷전으로 미루어지기 일쑤다. 내 인생 최고의 순간은 바로 지금이다. 나는 내 자신이 마음먹은 대로 될 수 있다. 그렇게 한번 해 보자는 거다.

호주의 철학자 론다 번은 "해는 오늘도 나를 위해 뜨고 진다. 파도는 나를 위해 몰려오고 몰려간다"라고 했다. 이보다 더 함축성 있는 표현이 그 어디에 있을까. 모든 것은 나를 위해 존재하는 것이다. 내가 없다면 자연의 존재 가치는 없다.

누가 뭐라던 '이 세상에 나는 오직 하나' 이제 더 이상 움츠러들지 말자. 더 이상 물러서지 말고, 큰 걸음으로 당당히 앞서가야 한다. 운명에 끌려 다닐지, 아니면 운명을 끌고 갈지는 오로지 나 자신의 선택에 달려 있다.

몇 년 후 나 자신의 운명은 내가 선택한 쪽으로 가게 될 것이다. 잘못 선택하여 무거운 짐을 평생 짊어지고 갈 것인가. 어느 쪽을 선택할 것인가의 결정권은 지금 이 순간에 있다. 내 인생의 계획도 나 자신의 의지에 달린 문제다.

이곳저곳 기웃거리지 말고 나를 위한 계획을 세워 보라. 계획된 일로 매진할 때 나 자신의 인생은 풍요로워지고 생동감이 넘쳐 나게 된다.

처절해야 노력이다

인생을 바꿀 기회는 언제일까. 인생의 진로를 결정짓는 시기는 아무래도 고등학교 생활 3년일 것이다. 그 기회를 놓치고 나면 어떻게 될까. 힘든 세월이 그대를 기다리고 있을지도 모른다. 물론 20대 이후에도 가능하겠지만 그때는 몇 갑절 더 처절한 노력이 뒤따라야 한다. 한평생 바닥 인생에 머물고 싶지 않다면 학창 시절엔 학창 시절대로, 청장년 땐 청장년대로, 그에 맞는 각오부터 다져야 한다.

여기 일찍 깨우쳐 성공한 사람들이 있다. 미 연방 하원의원인 메릴린 스트릭랜드 역시 그 중 한 사람일 것이다. 2021년 미 연방 하원의원 개원식에 한복을 입고 나온 사진이 우리나라 언론에 보도된 바 있었다. 붉은색 저고리에 짙은 푸른색 치마 차림의 한복을 입은 여성 의원이 맨 앞줄에 서 있었다.

단연 눈에 돋보였다. 보기에 너무 좋았다. 한국 이름으로는 순자라고 했다. 그는 한국인 어머니와 미군 흑인 아버지 사이에서 태어났다. 그는 한국계라는 자신의 정체성을 자랑스럽게 여겼다고 한다.

어머니로부터 물려받은 정신적 유산을 소중히 여기는 모습을 보여왔다. 강인한 정신력으로 성공을 이룬 것이다. 남들보다 먼저 깨우친 결과이다. 그렇듯이 학창 시절부터 남다른 열정과 굳은 결심이 있어야 한다.

누구나 어릴 때부터 항상 듣던 얘기가 있다. "공부도 다 때가 있다. 한 살이라도 젊었을 때 정신 차려라." 통감하는 얘기다. 너무나 평범하고도 꼭 챙겨야 할 만고불변의 진리다. 그러나 그때는 그것을 제대로 느끼지 못하는 것에 문제가 있다. 그래서 늙어가는 내가 젊은이들에게 또 되풀이해서 그렇게 전하는 것인지도 모를 일이다.

조금이라도 달라지기를 바란다면 당차고 굳은 결심이 있어야 한다. 처절해야 노력임을 잊지 말아야 할 것이다.

기회는 기다리지 말고 끌어당겨야 한다

행운이 따라 주길 바라는가. 기회가 왔을 때 꽉 잡아야 한다. 마음속 묵은 생각 말끔히 지우고 기회의 손을 꽉 잡아야 한다. 기회를 끌어당기려는 굳은 의지만 있다면 잡을 수 있다. 분명 잡으려고 노력하는 자에게 길은 열리게 되어 있다.

강한 의지력이 그대의 눈을 밝게 해줄 것이다. 그러기 위해서는 삶에 목표가 뚜렷해야 한다. 그렇게 삶의 목표가 뚜렷한 청년이 있었다. 몇 달 전 일이다. 집에 있는 컴퓨터가 오래된 구형이라 문제가 생겨 컴퓨터 수리 업체에 전화를 했다.

수리를 담당하던 사장이 지금은 하던 일을 그만두고 서울 소프트웨어 개발 업체에 취업해 갔다는 것이다. 그는 원주에서 한동안 컴퓨터 수리나 조립 컴퓨터를 판매하곤 했었다. 그래서 안면이 있던 청년이다.

그러던 그가 코로나가 수그러들 기미가 보이지 않게 되자 생각을 달리하고 공부를 더 했다고 한다. 국내에서 처음 온라인 수업이 진행되는 것을 보고 앞으로 온라인 교육 플랫폼의 수요가 더욱 늘어날 것으로 예측을 했다. 그래서 관련 업무를 파고들었다는 것이다. 기회를 기다리지 않고 끌어당긴 결과 바라던 일이 이루어진 것이다.

그렇듯이 기회는 지금 하고 있는 일, 또는 해야 할 일에서 찾을 수 있다. 언제 어디에서 무엇을 하더라도 삶의 목표가 뚜렷하다면 기회를 잡을 수 있다. 목표 의식이 없거나 게으르다면 기회가 기회인 줄 모르고 멍청하게 보내게 된다.

어느새 기회는 다른 곳으로 빠져나가고 만다. 정신줄 놓고 있으면 빠져나간 것조차 눈치채지 못하게 된다. 그러한 사람들은 무의미하게 시간을 보내고 있기 때문에 행운이 왔으되 잡지 못하고 있는 것이다.

행운을 꽉 잡은 사람들, 그들은 기회를 기다리지 않고 슬기롭게 끌어당긴 사람들이다. 기회를 잘 잡는 것도 엄연한 능력이다. 그래서 내 인생 계획과 같은 뚜렷한 생활 철학이 있어야 한다. 그러면 자연스레 안개가 걷히듯 밝은 길이 펼쳐질 것이다. 바로 그때 기회를 기다리지 말고 끌어당겨야 한다. 반드시 성공의 길이 보이게 된다.

시도하지 않으면
아무것도 이룰 수 없다 ─────

성공은 거창한 일에서부터 시작되는 것이 아니다. 오늘 꼭 해야 할 일, 그 작은 일부터 실천하는 생활이 바로 시작이다. 꿈을 간직하고 뭔가를 해 보겠다는 일이 있으면 곧바로, 지금 시작해야 한다.

새로운 일을 시도하는 자신감 속에 나의 소질과 능력이 발휘되기 때문이다. 자신감을 가질 수 있는 기회는 내 주변 여러 곳에 널려 있다. 그러나 아무리 많은 기회가 있다 할지라도 시도하지 않고 망설이기만 한다면 그 어떤 기회도 잡을 수 없다.

설령 실패하는 한이 있더라도 시도해 봐야 한다. 그것이 이루고자 하는 일에 접근할 수 있는 유일한 방법이기 때문이다. 내 꿈을 이루기 위해 해야 할 첫 걸음은 바로 지금 시작하는 일이다. 시도하지 않고 머뭇거린다면 더 이상의 발전도 희망도 없다.

어두운 미래만 있을 뿐이다. 어떻게든 꼭 해내고야 말겠다는 간절함이 있다면 시작할 수 있는 힘이 생긴다. 내가 꼭 해야 할 일, 그중에 작은 일부터 이 순간에 하면 된다. 그 다음 또 할 수 있는 일을 거듭해 나가는 것이다.

그러다 보면 어느 순간 내가 어렵게 생각했던 일들도 해내고 있음을 보게 된다. 시도하지 않으면 그 어느 것도 이룰 수 없다는 사실, 그것은 변치 않는 진리임에 틀림이 없다.

열정, 어려운 일이 아니다

애정을 가지면서 인생은 출발한다. 연령에 따라 성숙하고, 성숙함에 따라 나타나는 양상도 다르다. 미지근한 애정이 있는가 하면 열렬한 애정도 있다. 유아기를 거쳐 청장년 기를 지나 노년에 이르기까지 다양한 형태로 나타난다.

무엇이든 애정 없이 이루어지는 것은 없다. 하루의 일과는 다 애정으로부터 시작된다. 그러한 애정이 열렬하게 거듭되면 그것이 바로 열정으로 이어지는 것이다. 신나게 일을 하는 것도 다 애정이 있기 때문이다. 그러면 거침이 없다.

매사가 즐거움에 휩싸일 것이다. 열렬한 애정을 가지고 열중하는 마음으로 해 보자. 열정을 가지면 세상 사는 데도 열심이다. 자기가 바라는 것도 이루게 된다. 내 인생 5개년 계획, 그걸 해야만 하는 어려운 일로 생각하지 말자.

조금씩 애정을 느껴 가는 과정으로 여기면 된다. 그러면 어느 사이엔가 열정으로 변해가는 자신을 보게 될 것이다. 한발 한발 들어서다 보면 찬란한 결과가 궁금해질 것이고, 계속 앞으로 나아가게 된다.

메달 시상대에 오른 국가 대표 선수들, 그 희열에 찬 표정들이 바로 열정이라는 무대의 주인공이라는 생각이 든다. 그것은 그들이 오직 훈련에만 온갖 정성과 열정을 쏟아 부은 결과라 할 수 있다. 메달을 손에 쥐겠다는 애착심, 그게 쌓이고 쌓여 열정으로 번지게 되는 것이다. 넘치는 열정은 결국 누구도 넘볼 수 없는 감격을 불러오는 것이다.

지금 해야 하는 일에 열렬한 애정을 쏟아부어야 한다. 그렇게 인생관이 확립되어야 발전이 있고 바라는 일을 성취하게 된다. 열정, 어려운 일이 아니다. 언제든지 내가 가지고 있는 애정을 지금 해야 할 일에 집중시키면 된다. 그게 바로 열정이다.

미래를 여는 힘, 두드리면 열린다

길은 가까운 곳에 있다. 그런데도 사람들은 여기저기 먼 곳에서 찾고 있다. 시작도 하기 전에 지레 겁을 먹고 게을리 하기 때문에 할 수 있는 일을 놓치게 된다. 때를 놓치면 다시 오지 않는다. 뜻이 있는 곳에 길이 있고, 두드리는 자에게 문이 열린다는 말이 있다.

미래를 여는 힘, 그것은 문을 두드리는 것에 진정한 가치가 있다. 시도조차 하지 않으면 그 어느 것도 얻을 수 없다. 넘어지는 것을 두려워할 때 힘은 빠지고 만다.

가까운 예를 한번 보자. 자전거 타는 법을 가르쳐 주지 않아도 타겠다고 마음먹은 아이는 해내고 있는 것을 보면 알 수 있다. 몇 번 무릎이 깨지고 난 다음에는 중심을 잡고 멋지게 앞으로 나갈 수 있게 된다. 여기에 우리가 터득해야 할 교훈적 사고 의식이 있다. 넘어져 깨지는 한이 있더라도 시도해 봐야 된다.

일하는 것, 살아가는 것, 모든 문제가 다 그렇다. 그것은 생각의 문제가 아니라 행동의 문제다. 문은 두드리는 자에게만 열린다. 꿈을 넓게, 그리고 크게 가지고 주위를 살피면 반드시 기회가 주어진다.

관망하고 있거나 막연한 망설임과 소극적인 자세로는 어렵다. 그렇게 시간을 흘려보낸다면 기회의 문은 닫혀 있을 수밖에 없다. 그러면 앞이 보이질 않게 된다. 어디로 가야 할지 방향 설정이 어려워지게 된다.

그렇다면 어떻게 해야 할까. 이때 필요한 것이 바로 과감하고 적극적인 행동이다. 어린아이가 자전거를 배워 멋지게 달리듯 용기 있는 결단이 요구되는 사항이다.

소극적인 삶으로는 대처하기 어렵다. 그래서 요즘 청년 실업이 사회 문제화되고 있는 실정이다. 코로나 사태가 지속되면서 청년 구직 시장은 더 어렵게 되었다.

지난해 전세를 얻으러 온 임차인 역시 그런 하소연을 했다. 우리 부동산 사무실에 몇 번 들린 끝에 겨우 전셋집을 얻게 된 고객이다. 그는 영월에서 직장생활 하던 조그만 업체를 그만두고 원주 혁신도시내 공기업 취업 준비를 하고 있다고 한다.

그는 취업문이 좁아졌다면서, 요즘은 미래를 생각하는 것이 두렵다고 했다. 그래도 여기서 주저앉을 수 없다는 다짐을 하고 또 취업 준비를 했다는 것이다.

거듭된 고심 끝에 그는 장기간 취업 준비 계획을 주도면밀하게 세웠다. 공기업 카페에 가입해서 정보를 찾기도 했다. 가산점을 얻을 수 있는 자격증은 미리 취득했다. 그 후로는 영어 공부에 더 많은 비중을 두었다고 한다.

정말 독하게 준비했다는 얘기다. 본인이 할 수 있는 모든 것을 쏟아부은 상태다. 정말 대단한 청년이다. 그런 정도라면 못할 게 없어 보였다. 아무리 어려운 현실이라도 모든 게 자기하기 나름이다.

잊고 지낸 지 오래된 어느 날, 취업이 됐다는 소식을 전해 들었다. 결국 미래를 여는 힘, 그것은 두드리는 자에게만 열리는 기회의 문이라 할 수 있다. 만약 그가 쉬엄쉬엄 그렇게 대처했더라면 그런 영광을 볼 수 있었겠는가.

주도면밀한 계획의 실천이 좋은 결과를 보여준다는 것은 엄연한 진실이다. 비단 취업 준비뿐만 아니라 어떤 어려움에 직면하더라도 방황하거나 멈추지 말고 계속 전진해야 한다. 항상 준비하고 열심히 뛰는 사람만이 결국 성공한다는 사실, 명심해야 할 일이다.

결심이 중요하다

되는 일이 없어 좌절하고 있는가. 괴로움에 주저앉고 싶은가. 그렇다면 지금 태도부터 바꿔야 한다. 밑바닥에서부터 다시 일어서야 한다. 현실이 못마땅하여 낙심하고 괴로워하고만 있을 수는 없다. 수십 번을 넘어져도 일어서야 한다.

고통은 잠시 머무를 뿐이다. 적응하는 의미가 강해야 달려오는 운명에 빠르게 대처할 수 있다. 진실로 목표를 이루고자 한다면 그에 대한 강렬하게 타오르는 욕망을 키워야 한다.

미국 44대 대통령 오바마가 우리에게 주는 의미는 각별하다. 그가 보여 주는 희망의 미소를 좋아하고, 넘치는 욕망을 닮고 싶다. 열등감 투성이의 소년이 세계인에게 희망을 상징하는 대통령이 되었다. 그렇게 되기까지의 과정이 목표 달성의 산 증인이기도 하다.

그는 케냐 출신의 흑인 아버지와 미국의 백인 어머니 사이에서 태어났다. 부모의 이혼과 어머니의 재혼 등 불안정한 성장 과정이었다. 정체성의 혼란과 환경적 열등감에 방황하는 청소년기를 보냈다. 그러나 그에 굴하지 않고 오로지 목표를 향한 나날을 보냈다. 차근차근 이루어진 욕망은 지역 사회 운동가를 거쳐, 3선 의원으로, 또 오바마 신드롬을 만들어 내며 미국 최초의 흑인 대통령이라는 새로운 역사를 이루어 냈다. 성장기 때의 오바마가 그러했듯이 어려움에 굴하지 말고 타오르는 욕망으로 나날을 보내야 할 것이다.

우리도 인생 계획을 끝까지 이루고야 말겠다는 굳은 결심만 있다면 얼마든지 이룰 수 있는 일이다. 결심만 하면 강하게 설 수 있고 하겠다는 마음만 가지면 못할 일이 없다. 더 나은 삶을 바란다면 길은 오직 하나, 내 인생 내 앞길을 개척해 나가겠다는 결심이다.

지금도 늦지 않았다

지금껏 급한 게 없다는 듯, 느긋하게만 살아온 게 아닌가 하는 느낌이 들 때가 있다. 결코 바람직한 일은 아니다. 그래서 나 자신에게 전하는 교훈적 메시지가 있다. "지금도 늦지 않았다"는 것이다. 이미 지나간 일의 과오야 어쩔 수 없지만, 더 나은 미래를 생각해 봐야 한다.

현 세대를 살아가는 젊은이라면 너무 현실에만 안주하는 것은 좋은 일은 아니다. 내 경험으로 미루어 볼 때 그것은 절실한 삶의 문제다. 지금은 다소 고달픔이 있더라도 밝은 미래를 향해 참고 견디는 힘을 길러야 한다.

머뭇거리기만 하고 앞으로 나아가길 주저한다면 발전이란 있을 수 없다. 한 살이라도 젊었을 때 느껴야 한다. 젊어서는 그러한 것을 잘 느끼지 못한다는 것에 문제가 있다. 젊음이 모든 걸 덮어주기 때문이다. 그래서 보이질 않는다. 순간의 향락이 그를 지배한다. 미래를 바라보는 안목을 키운 사람은 저만치 성공의 대열에 합류해 있다. 뒤늦게 그들을 바라보기만 하는 처량함에 젖어 있을 것인가. 그렇다면 이 시점에서 무엇을 어떻게 해야 할까.

지금도 늦지 않았다. 이미 나이가 들어 어렵다는 생각, 그 또한 부질없는 생각이다. 우리가 잘 알고 있는 위인들의 경우를 한번 보자. 신의 예술가라는 칭송을 받고 있는 인물에 미켈란젤로가 있다.

불후의 명작 〈최후의 심판〉이 완성된 시기는 그의 나이 60대 후반이었다. 8년에 걸쳐 완성된 걸작이다. 그가 세계 조각사에 길이 빛나는 절대적 인물인 까닭은 식지 않는 열정 때문일 것이다. 열정은 나이에 관계없이 누구나 가져야 할 삶의 원동력이다.

위대한 발명가 에디슨의 경우도 있다. 그가 축전기를 발명했을 때 그의 나이 50세를 넘겼을 때였다. 특허수가 워낙 많아 세계적 발명왕이라고 불리고 있다. 그는 평생을 오직 연구 하나에만 몰두했던 위인이다.

또한 세계의 위인이라 불리는 슈바이처 박사가 있다. 그는 전쟁이 끝난 후 다시 아프리카의 랑바레네에 병원을 개설하고 의료 봉사 활동을 시작했다. 그때 그의 나이 50세였다. 그 후로도 90세가 넘어설 때까지 왕성한 의료 봉사 활동을 했던 것이다. 그는 의사이자 선교사로서 인류애를 실천한 위인이다. 그로 인해 노벨 평화상을 수상하기도 했다.

그러하듯 나이에 관계없이 지금도 늦지 않았다는 것을 느껴야 한다. 오로지 이루고자 하는 노력만이 나 자신의 꿈을 이루게 할 수 있다. 열심히 하는 것을 대체할 수 있는 것은 이 세상 어디에도 없다. 쉼 없는 노력만이 나 자신을 성공으로 이끌어가게 된다.

나이가 많든 적든 관계 없다. 한 살이라도 젊었을 때 자신이 간절히 원하는 것을 위해 노력해야 한다. 지금이라도 시작해야 된다. 늦지 않았다. 반드시 땀 흘린 보상을 받게 된다.

지금 나에겐
못할 게 없다 —————

의지만 있다면 못할 일은 없다. 지금 즉시 팔을 걷어붙이고 일을 시작하면 된다. 나에겐 지금 못할 게 없다. 그러나 생각만으로 그친다면 심각한 문제가 아닐 수 없다. 바로 나 자신이 경계해야 할 대목이다. 지금은 생각만 하고 있을 때가 아니다.

무엇을 해야 할지 느낌이 오지 않는다면 다시 지나온 세월을 되짚어 봐야 한다. 내 인생의 계획이 왜 필요한지. 내가 무엇을 해야 하는지. 그러한 것들은 거창하게 생각할 일이 아니다. 나 자신이 바라는 것은 어떤 기록에 도전해 보자는 것도 아니다.

중요한 것은 작은 계획이라도 실천에 옮기는 일이다. 후회스러운 일이 없기 위해선 최선을 다 해야 한다. 매 순간 최선을 다할 때 힘이 솟는다. 나는 어떤 일이든 할 수 있는 능력이 있다. 먼저 마음을 움직이고 실천으로 보여 줘야 한다.

그러면 틀림없이 지금까지와는 다른 나 자신으로 발전한 모습을 보게 된다. 지금 즉시 일을 시작하면 그렇게 될 수 있다. 나에겐 지금 못할 일이 없다. 전심전력을 다해 실천하는 모습이 진정 나의 모습임을 보여 줘야 된다.

내가 아니면 어느 누가

정답은 이것 하나뿐이다. 내가 아니면 어느 누가. 그렇다. 너무나 단순한 그 진리는 바로 내 눈앞에 있다. 아무리 좋은 생각들이 있다 해도 그것을 실행에 옮기지 않으면 아무 의미가 없다. 원대한 꿈도 실행이 따르지 않으면, 그것은 헛된 꿈에 불과하다.

먼 목표를 향해 시선을 두어야 한다. 결국 하나씩 이루어지는 성취는 지금 이 순간에 있다. 모든 것은 내가 어떻게 추진하느냐에 달려 있다는 뜻이다. 할 일이 있다면 지금 당장 이 순간에 해야 한다.

'나중에'라고 말하는 순간 모든 것은 희미해지고 만다. 우유부단한 성격이라면 이제는 그 굴레를 벗어 던져야 할 때가 온 것이다. 당장 행동으로 옮기는 습성을 가져야 한다. 남의 의견에 좌우되는 것은 아직 진실한 내 꿈이 없다는 증거다.

나 자신의 결정에 따라야 한다. 어떤 어려움이 있더라도 한걸음 또 한걸음 인내심을 가지고 노력하면 반드시 성공하게 된다. 아무리 큰일도 작은 시작에서부터 출발된 일이다.

저 유명한 나이아가라 폭포의 무지개다리를 보면 이해될 수 있다. 역시 작은 실천에서부터 거대한 완성품이 나왔다. 지금 이 무지개다리는 튼튼한 발판으로 이루어져 있지만, 처음 폭포 사이를 연결한 다리의 시작은 가느다란 실 한 가닥이었다.

처음에는 연을 띄워 한 가닥 실로 다리 양쪽을 연결한 후 시도했다. 실 한 가닥 거기에다 코일로 이어지고, 다시 철사로, 그것을 다시 밧줄로 그렇게 점차적으로 굵기를 늘려 나갔던 것이다. 그렇듯이 쉬운 일이든 어려운 일이든 시작하지 않으면 아무 소용이 없다.

시작을 해야 꿈은 이루어진다. 진정한 승리는 스스로 결심하고 그 결심을 위해 실천을 시작할 때 가능해진다. 내 인생에 대한 계획 역시 그러한 일이다. 결단력 있게 행동하는 자에게만 기회가 주어진다. 결단력은 그 자체가 강력한 위력을 나타내기 때문이다.

그래, 나도 할 수 있다

우리 인생에서 청소년 시절이 자기 인생의 갈림길을 결정하는 중요한 시기다. 학창 시절을 어떻게 보내느냐에 따라 자기 삶의 모습이 결정된다. 자기 삶은 스스로 개척하고 만들어간다는 확고한 신념이 있어야 할 시기다.

그저 아무런 계획도 없이 이리저리 휩쓸려 다녀서는 곤란하다. 학창 시절이 삶에 크나큰 영향을 미치기 때문이다. 그 시기에는 뚜렷한 목표 의식이 있어야 된다. 목표 의식을 갖는다는 것은 나도 할 수 있다는 자신감에서 생긴다.

자신감과 긍정적인 생각은 끝없이 자신을 돌보게 한다. 어느 날 브라질 리우 올림픽 중계방송 중 크게 이목을 끌고 장식한 게 있었다. 올림픽 펜싱 레페 종목에서 금메달을 딴 박상영 선수 얘기다. 결승전 2라운드까지 13대 9로 뒤지고 있었다.

모두가 승부를 뒤집긴 어렵다고 생각한 그때, 박상영 선수는 '할 수 있다. 할 수 있어. 그래 나는 할 수 있어.' 주문을 되뇌기 시작했다. 이어진 3회전에서 14대 11. '하나만 더, 하나만 더' 자기 체면은 이어진다.

마치 이기고 있던 선수처럼 검을 내밀어 14대 15 끝내 대역전극을 만들어 냈다. 연속 5점 성공하며 금메달을 거머쥐었다.

'그래, 나는 할 수 있어.' 이는 목표를 향해 나아갈 힘을 주는 위대한 말이다. 그로 인해 자신감이 생긴다. 실패란 있을 수 없다는 굳은 신념을 가지게 한다. 할 수 있다는 긍정적인 생각으로 스스로를 개척해 나갈 힘이 용솟음치게 된다.

"나는 할 수 있다"는 말을 언제나 되새기고 삶을 값지게 보내도록 해야 한다. 적극적 삶이 나의 앞날에 영광을 보장해 주기 때문이다.

스스로 깨우쳐야 한다

삶은 스스로 겪어 보고 깨우쳐야 한다. 내 스스로 그 상황을 겪어 보고 고민해 봐야 머릿속에서 정리가 되고 깨우치게 된다. 그 전에는 보이지 않은 것들이 겪어 보면 보이게 된다. 사노라면 일이 잘 풀릴 때도 있고, 난관에 부딪힐 때도 있을 수 있다.

몸소 부딪히며 겪어 가면서 살아야만 한다. 나 자신의 장래가 불투명하게 느껴지는 일이 있을지라도 다 그렇게 겪게 되는 일이라고 생각하면 된다. 삶의 과정이라고 여기고 피나는 노력으로 헤쳐 나가야 한다. 그래서 나에게 맞는 5개년 계획이 요구되는 사항이다.

우리 주변에서도 난관에 부딪혀 괴로워하는 경우를 더러 볼 수 있다. 공인중개사 사무실에 들른 고객 중에 그런 경우가 있었다. 1개월 전에 아파트 매매 계약을 했었다. 이틀 후면 잔금을 치르는 날이다. 그런데 잔금 이행이 어렵게 되었다며 사무실에 들렀다.

젊은 부부가 연신 미안해하는 표정이다. 몸이 약한 아들이 하나 있다고 했다. 통학 거리가 버스로 한 시간 거리라고 한다. 그 아들을 위해 학교 옆 아파트를 매매 계약 했었다. 다소 무리인 줄 알면서도 일부는 친척의 도움을 받기로 했다는 것이다.

그런데 도움을 주기로 한 친척이 이행이 어렵게 된 모양이다. 계약을 포기할 입장이 되었으니 어쩌면 좋으냐고 몹시 괴로워하고 있었다.

자기 자식을 위한 부모 마음이야 오죽하랴. 얘기를 듣고 있는 내 맘도 아리어 오는 정도이거늘. 깊은 속마음을 헤아리지 못할 바가 아니다.

그러나 한편으로는 난감하기 이루 말할 수 없다. 이미 일은 너무 복잡해졌다. 부모의 입장에서는 값진 교훈을 얻었을 것으로 믿는다.

어쩌면 냉혹한 현실 속에서 우리 자신이 할 수 있는 일은 스스로 깨우치고 헤쳐 나가는 일, 오직 그길 밖에 없다. 그리하여 그것이 삶의 철학으로 이어지고, 나를 지탱해줄 디딤돌로 삼는 계기가 되어야 한다.

지금부터가 중요하다

아침에 눈을 뜨니 아직 이른 새벽이다. 신문이 왔나 하고 문밖을 내다보니 벌써 와 있다. 이른 아침에 느끼는 신문 냄새는 언제나 좋다. 신문을 뒤적이다 또 생각에 잠긴다. 중개업을 그만둔 지도 벌써 여러 달이 흘렀다.

예전에 작성해둔 내 인생 5개년 계획을 한번 다듬어 볼까. 그것을 구체화하여 실행에 옮겨야 되는데, 요즘 자꾸 생각이 많아진다. 왜일까. 나이가 들면서 감성만 더 깊어지는가 보다.

이 아침에 또 다짐해 본다. 꼭 이루어내고야 말겠다는 내 나름대로의 다짐이다. 아침 공기마저 상쾌하다. 내 인생 5개년 계획, 그것은 계획을 세웠다는데 뜻이 있는 게 아닐 것이다.

지금부터가 중요한 일이 된다. 지금까지야 습관이 좋든 나쁘든, 나이가 많든 적든, 그건 지금까지의 일이다. 내 인생 5개년 계획을 다짐한 지금부터가 중요하다. 지금이 내 남은 인생에서 가장 젊은 시간이라는 말이 있듯이, 내 인생 최고의 순간은 지금이다. 과거는 이미 지나가 버렸다. 지나가 버린 과거에 집착할 것이 아니라 지금부터가 중요하다.

　하고 싶은 일이 있다면 지금 바로 시작해야 한다. 하고자 하는 각오 속에 실천 가능한 능력이 샘솟는다. 새벽 공기와 함께 내 나름대로의 소박한 꿈에 젖어 본다.
　목표를 향한 내 마음에 희망이 넘치게 해야 한다. 내가 할 수 없다면 그 누가 할 수 있단 말인가.

CHAPTER 2

무엇을
계획하고
실천할 것인가

자기 계발
나의 능력을 키워라 -

내 인생 계발의 테마는 무한정으로 널려 있다. 자기 계발, 학습 관리, 진로와 직업 선택, 재무 설계, 건강관리, 먼 훗날 대비 등 여러 가지가 있을 수 있다. 각자의 성향에 따라 취사선택할 수 있는 일이다.

그중에 자기 계발은 자신의 특성과 소질 등을 찾는 데 의미가 있다. 그것은 '더 나은 삶을 영위하겠다'라는 다짐으로부터 시작된다. 자신에 대한 특성을 바탕으로 삶에 필요한 자질을 스스로 담금질하는 것이다.

오직 그 대상에 대한 목표와 전략을 세우고 실행을 게을리하지 않는 것에 그 뜻이 있다. 그래서 나 자신만을 위한 자기 계발은 더더욱 필요하다. 인생을 살면서 내 모든 정성을 쏟을 수 있는 삶의 목표나 자기 계발을 찾아야 한다.

그러한 사람은 더없이 진취적이고 희망적인 사람이다. 자기 계발에 전심전력을 다할 때 참된 삶을 발견할 수 있게 된다. 스스로가 자신을 무의미한 존재라고 생각하면 삶은 무의미할 수밖에 없다. 나 자신의 존재를 이 세상에 필연적인 존재라고 여겨야 한다.

그러한 가치관을 정립하면 내 인생을 위한 계획도 성공의 길로 접어들게 될 것이다. 자기 계발에 눈을 돌리면 무한한 가능성이 펼쳐지기 때문이다.

언제나 길은 있다

꿈이 분명해야 동기가 생기고 추진력이 생긴다. 그저 막연하게 한번 해 볼까 하는 마음으로 시작하면 작심삼일이 되고 만다. 그렇다면 방법이 없을까. 없는 게 아니다. 뜻을 세워야 길이 보인다. 성공을 이루는 데 중요한 요인은 뜻을 세우는 일이다.

오늘날 사회가 복잡해지고 다양화되면서 더욱더 중요시되고 있다. 그냥 하지 말고 왜 하는가를 분명히 해야 한다. 그러기 위해서는 내 인생 계획에 대한 구상이 그 대안이 될 수 있다. 목표가 뚜렷할 때 열정은 식지 않고 발걸음 또한 넘치는 힘에 휩싸이게 될 것이다.

어느 신문엔 이런 타이틀의 기사가 실렸다. "6년째 미 대륙 횡단, 최고령 신기록 97세 할아버지" 대단한 기록이다. 평소에 계획했던 일을 이루고자 하는 집념, 그 집념이 건강을 지켜 주는가 보다. 앤드루스라는 할아버지는 최고령 미대륙 횡단 기록을 세우고도 건강에 자신이 있다고 했다.

뜻이 있는 곳에 길이 있음을 여실히 보여 주는 산 증인이기도 하다.

모름지기 내가 하겠다는 의지를 굳건히 세울 때, 힘이 용솟음친다. 장벽은 스스로 만들고 있을 뿐이다. 내가 끌어들이는 에너지가 나를 만드는 것이다.

모든 것은 내 손에 달려 있음을 알아야 된다. 열심히 노력할 마음만 있으면 나에게는 무한한 잠재력이 있기 때문이다. 뜻을 세워야 함을 알면서도, 식지 않는 열정을 알면서도, 생각에 그치기만 한다면 아무 소용이 없다.

인생에서 중요한 결정은, 바로 삶의 목적을 어디에다 둘 것이냐를 결정하는 것이다. 뜻이 있는 곳에 언제나 길은 있다. 반드시 길은 있다.

자격증 취득

과거와는 달리 자격증 취득에 많은 관심을 가지는 시대가 되었다. 불황으로 취업이 다소 어려워지는 데다 주요 기업들의 채용방식마저 불투명해지면서 자격증 취득에 더 열을 올리고 있는 것 같다.

산업인력공단이 지난 연말에 발표한 통계 자료에 의하면 40대, 50대 국가 기술 자격 응시 비중이 전년 대비 23%나 증가했다고 한다. 대단한 수치다. 또한 60대 이상도 3% 이상 늘어나는 등 고령층도 증가 추세라고 했다

심지어는 취업 준비생들이 국제 자격증까지 도전하고 있는 실정이다. 인근에 있는 공인중개사 사무실 정 소장의 큰 아들은 재작년에 대학을 졸업했다. 아직 직장을 못 잡았다고 걱정이 태산이다.

그 아들이 시스코의 네트워크 기술 능력을 검증하는 국제 자격증 시험을 치렀다고 한다. 워낙 취업이 어려워서 답답하지만 해 볼 수 있는 일은 다하는 중이라는 거다. 응시료만 84만 원을 지불했다고 했다. 경쟁이 치열한 생활 전선에서 어쩔 수 없는 현실이다.

그러하듯 도움이 되는 것은 남들보다 하나라도 더 가져야 한다. 그러한 자격증에는 종류도 많다. 어떤 경우에는 소문만 믿고 자격증 취득을 준비했다가는 곤란해질 수도 있다. 돈과 시간만 낭비하고 장롱 자격증으로 전락할 수도 있다.

그 자격증이 얼마나 효용 가치가 있는지, 취득하기까지 시간과 돈이 얼마나 드는지, 어떤 목적으로 사용할지, 따져 봐야 한다. 의외로 많은 사람들이 자격증이라고 하면 국가 자격만 떠올리는데 그게 아니다. 종류도 다양할 뿐만 아니라 국가 자격증도 있고 민간 자격증도 있다.

요즘 많이 거론되고 있는 드론 관련 자격증의 경우, 국가 자격증도 있지만 민간 자격증도 있음을 알고 잘 살펴봐야 한다. 국가 자격은 국가 기술 자격법 등에 따라 국가가 관리 운영을 한다. 그리고 민간 자격증은 국가의 법인, 단체, 개인이 스스로 만들어서 등록 후 운영한다.

민간 자격증 중에는 국가가 공인해 주는 자격도 있다. 공인 민간 자격증이다. 공인 민간 자격증을 국가 자격증으로 오인하는 경우가 있을 수 있다. 그건 잘못 이해하고 있는 것이다.

국가가 공인한 민간 자격증은 다른 민간 자격증과 비교해 신뢰성은 높은 편이다. 하지만 공인 민간 자격증 상당수가 직업 자격증이 아닌 교양이나 직무 기초 자격증이 대부분이다. 그래서 실제 취업에는 큰 도움이 되지 않을 수도 있다.

내가 취득하려는 자격이 국가 자격증인지 민간 자격증인지 확인해 보면 된다. 국가 자격증은 산업인력공단의 큐넷에서 확인할 수 있다. 민간 자격증은 직업능력개발원 민간 자격 정보 서비스 누리집을 참고하면 된다.

취업 준비생의 경우, 취업을 준비하는 회사에 따라 우대하는 자격증을 취득하려고 애를 쓰고 있는 실정이다. 그럴 경우 자격증에 따라 꼭 1급이 필요하지 않은 경우도 있다. 1급, 2급 등 어느 수준의 자격까지 가산점을 부여하는지 정확히 파악하는 게 좋다.

공시생들도 각 직종에 따라 취득하기 전 확인할 필요가 있다. 실제 자격증 교육을 들으려고 한다면 수강료, 교재비, 응시료 환불 조건 등을 꼼꼼히 살펴봐야 한다. 허위로 의심될 땐 해당 기관으로 확인해 볼 필요가 있다.

기존에 없던 신규 자격의 경우, 내 적성과 흥미에 맞는 자격이 있다면 도전해 보는 것도 고려해 볼 만하다. 최초 시행 자격증은 원활한 인력 수급을 위해 비교적 쉽게 출제되는 경향이 있을 수 있다.

지금은 자격증 시대라 해도 과언이 아니다. 그래서 그 틈을 이용해 과장된 광고로 현혹할 수도 있으니 각별한 주의가 요구 된다.

나의 숨은 재능 찾아내기

나 자신이 모르는 숨은 재능은 반드시 자신 안에 있다. 누구에게나 재능이 있지만 재능을 발견하지 못한 채 어른이 되었을 뿐이다. 그렇다면 어떻게 해야 할까. 지금이라도 늦지 않았으니 발굴되지 않은 나 자신의 에너지가 있나 없나 한번 살펴봐야 한다.

나에게는 아직도 발굴되지 않은 재능이 있을 수 있다. 그냥 방치한 채 일생을 보낼 것인가. 남들에게는 특별한 재능이 있는데, 나에겐 재능이 없다고 푸념만 해서는 안 될 일이다.

무의미하게 하루를 보내게 되면 재능을 발굴할 기회를 놓치게 될지도 모른다. 자신이 해야 할 일을 찾아 행동한다면 자연적으로 숨은 재능을 찾을 수 있게 된다. 그래서 내 인생 개발을 모색하게 되고 재능을 키울 수 있는 것이다.

물리학자 아인슈타인의 경우를 한번 보자. 그 역시 숨은 재능을 찾아내어 세계적인 물리학자가 되었다. 대학 시절 그다지 성적도 좋지 않았다. 그러나 그를 눈여겨 본 학장에 의해 물리학에 심취하게 되고 결국에는 노벨 물리학상을 수상하게 된다.

그의 상대성 이론은 현대 물리학에 혁명적인 지대한 영향을 끼쳤다. 그렇듯이 나 자신의 재능과 역량을 최대한 발휘한다면 무궁무진한 힘이 생기는 것이다.

프랑스의 영웅 나폴레옹은 말했다.

"헛된 시간 보내지 말라. 나는 무엇에 관심이 있는가. 생각해보면 보통 사람들보다 잘 하는 것이 분명 있다. 1%의 가능성, 그것이 내가 갈 길이다.”

그렇다. 나에게도 잘하는 것이 분명 있다. 헛된 곳에서 시간을 낭비하고 있을 때가 아니다.

나의 숨은 재능은 무엇일까. 그것을 찾아내는 것은 순전히 나 자신의 몫이다. 그냥 두면 평생을 모른 채 지나가고 말게 된다. 감춰진 나의 재능을 찾아서 발휘해야 한다.

변화가 필요할 땐 변해야 산다

변화가 필요할 땐 발 빠르게 변해야 살아남을 수 있다. 하지만 현실에서는 막연히 ‘이건 아닌데’ 하면서도 뭉그적거리는 경우를 보게 된다. 아무 생각 없이 그저 편안함에 미적거리고만 있게 된다면, 유리 그릇 속의 개구리 실험처럼 되고 만다.

결국 도태되는 결과를 보게 될지도 모른다. 유리그릇에 서서히 열을 가하면, 그 안의 개구리는 미지근하게 데워져 오는 물을 즐기는 듯 그렇게 지낼 것이다. 그러다 너무 뜨거워질 무렵이면 이미 늦었다. 그렇게 끝장나고 만다. 우리네 인생살이에서도 다를 바 없다.

세상은 급변하고 있다. 그럼에도 불구하고 과거의 나태함과 안일함

속에서 뛰쳐 나오지 않고 있는 것은 아닌지. 그러다 인생 그것으로 끝나는 줄도 모르고. 변할 때 변하지 않으면 적자생존의 시대를 살아갈 수 없게 된다.

성공하려면 오늘 현재만 보는 근시안적 사고에서 벗어나야 한다. 미래는 변화를 모색하고 준비하는 사람의 몫이다. 물론 저항이 따를 수 있다. 익숙한 것에서 낯선 것을 시도하자면 거부반응이 따르기 마련이다.

세상을 바꾸는 힘은 타성을 깨는 것에서 출발한다는 것을 알아야 한다. 사람의 마음이 바뀌지 않으면 변화와 발전은 사실상 어려운 일이다. 지금 현재대로 안일하게 보내는 게 당장은 편하게 느껴질 수도 있다.

당장의 편안함을 좇아 진지한 고민을 회피한다면 발전은 있을 수 없다. 결국은 유리그릇 속의 개구리처럼 되고 만다.

그렇게 과거의 나태함에 젖어 무기력하게 보낼 것인가. 아니다. 우리의 잠재의식은 마음만 먹으면 변화된 모습을 얼마든지 보여줄 수 있다. 과거 한일 월드컵에서 우리나라가 보여준 4강 진출을 상기해 보면 이해될 수 있다. 세계 어느 나라의 도박사들이 예상이나 했겠는가.

다른 건 다 제쳐두고 변화된 인식만을 한번 들여다보자. 히딩크 감독의 변화를 요구하는 인식, 그래서 팀을 새로 만들다시피 판을 짰다. 그 결과 히딩크의 구성원들은 최고의 신진 정예 멤버로 완성되었다.

그렇게 뽑힌 선수들의 변화된 각오, 그 또한 더할 수 없는 조직력으로 뭉쳐졌다. 이 모두가 변화된 인식의 합작품이었다. 그리하여 한국 축구 역사에 빛나는 금자탑을 쌓았다. 그때를 생각하면 지금도 그 감격 생생하다.

여기서 우리가 느껴야 할 분명한 사실이 있다. 이루고자 하는 일이 있다면 내가 변해야 산다는 것이다. 본인 스스로 만든 틀에 자기 자신을 가둬 두지 말라. 변화가 필요할 땐 언제나 변신할 수 있다는 마음가짐이 중요하다.

요즘은 가정에서도 세계를 한눈에 보고 서로 소통하는 세상으로 변해 가고 있는 실정이다. 이렇게 다양하게 급변하는 시대에 살고 있다. 뒤처지지 않으려면 반드시 사고의 전환 의식이 있어야 한다.

변화가 필요할 땐 변해야 하는 능력은 이제 삶의 필수 항목이 되었다. 능력은 단기간에 생기는 게 아니다. 내 인생의 계획을 착실히 이행할 때 변화된 나의 모습을 볼 수 있다. 그래서 이제는 달라져야 한다.

세상은 빠르게 변화해 가고 있다. 나만 변화하지 못하고 있으면 낙오자가 될 수밖에 없다.

자신의 일에 에너지를 쏟아부어라

자신감으로 무장하면 겁날 게 없다. 그러자면 자기 안의 콤플렉스를 걷어치워야 한다. 그리고 자신이 좋아하는 장점을 키우려고 노력하라. 누구에게나 단점이 있듯이 찾아보면 나에게도 반드시 장점이 있다. 나만의 장점을 이용하면 된다.

우리는 흔히 역경을 이겨내고 성공을 이룬 사람들을 가끔 거론하곤한다. 그런 위인들을 롤 모델로 삼을 수 있기 때문이다. 호킹 박사 같은위인의 경우가 대표적인 예가 될 수 있다. 루게릭병을 극복한 천재 과학자 호킹 박사, 그는 대중의 사랑과 존경을 가장 많이 받은 20세기 과학자 중 한 사람이다.

그는 21살에 루게릭병에 걸려 몸을 거의 움직이지 못하게 되었다. 말을 할 때도 기계에 의존해야 했다. 하지만 그는 자신의 일에 모든 에너지를 쏟아부었다. 힘든 역경 속에서도 연구 활동을 계속했다.

신체적 고통 속에서도 그는 유쾌함을 잃지 않았다. 인간 정신의 아름다움과 꿈의 위대함을 보여 주었다. 생각해 보면 이보다 더한 역경이 어디에 있겠는가. 그럼에도 불구하고 이를 극복하여 현대 과학의 아이콘이 된 호킹 박사다.

이러한 사실을 볼 때 우리가 못할 것이란 없다. 자신감으로 무장하면겁날 게 없다. 자기 안의 콤플렉스, 그 시답잖은 콤플렉스 확 집어던져야 한다. 마음과 힘을 오직 한곳에 집중하여 모든 일을 할 때가 되었다.

성공하기 위해선 한가하게 움직여서는 어려운 일이다. 정작 큰일을해낸 사람들은 자신의 일에 에너지를 맘껏 쏟아부은 사람들이다. 한번그렇게 해 보면 될 수 있는 일이다. 좀 더 시야를 넓혀 보라.

나는 이렇게 자격증을 취득했다

자격증 공부를 하게 된 계기 |

2006년 공무원 정년퇴임을 했다. 마음 놓고 이곳저곳 다녀도 피곤함도 없었다. 그렇게 흐른 세월이었다. 어디론가 훌쩍 떠나고 싶은 생각도, 허황된 바람도, 부질없는 마음앓이가 싫어질 무렵, 마음 둘 곳을 찾은 것이 공인중개사 자격시험 공부였다. 그리하여 자격증 취득을 위한 도전의 날이 시작된 것이다.

자격증 취득 과정 |

2008년 새해 공인중개사 자격시험 교재를 구입했다. 시험 과목 숫자대로 기본서를 구입했으니 책이 7권이었다. 또 얼마 지나지 않아 문제풀이집, 예상 문제집, 모의고사 책자 등 적지 않은 분량이다.

공인중개사 시험은 그해 10월에 있다고 산업인력공단에서 발표한 바 있다. 2008년 1월부터 10월까지 월별로 계획을 수립했다. 4개월은 1차 과목 중심으로, 남은 6개월은 1차 과목과 2차 과목을 병행하여 계획표를 만들었다.

오로지 이것만 열심히 하면 될 것 같은 자신감도 있고 해서 독학으로 밀고 나갔다. 공인중개사 시험은 1차와 2차로 나눠진다. 1차 시험 합격자는 그해 2차 시험에 불합격되어도, 다음 한 해 동안 1차 시험에서 면제된다. 그것을 감안해서 공부 계획을 짤 수도 있다.

시험 과목은 1차는 민법, 부동산학 개론, 2과목이다. 2차는 공법, 중개사법, 공시법과 세법, 4과목이다. 그러나 출제 과정에서는 공시법과 세법은 한데 묶어 한 과목으로 취급하게 된다.

공인중개사 자격시험 당일이 되었다. 약간 초조하면서도 60점 이상은 될 것 같은 막연한 생각은 있었다. 시험장 분위기는 대부분 젊은 층이고 여자가 남자보다 더 많아 보였다. 문제를 풀어가는 동안 생각과는 달리 난이도가 높다는 초조감이 몰려오고 1차, 2차 시험이 그렇게 정신 없이 지나갔다.

결과는 불합격이었다. 시험이 끝나면 답안지는 제출하고 문제지는 가지고 나올 수 있다. 가채점해 보면 당락을 대충 알 수 있다. 합격 여부는 시험일로부터 1개월 후 발표된다.

자격시험 공부 재도전 |

재도전하기로 마음을 굳혔다. 다부지게 덤벼 보겠다는 생각에 인터넷 동영상 강의를 신청했다. 자격시험 공부는 독학도 있고, 학원 수강도 있고, 인터넷 동영상 수강도 있다. 공인중개사 학원은 대도시를 비롯해 웬만한 중소 도시에는 있다.

원주에도 학원은 있지만 강사진이 단출하다고 볼 수 있다. 동영상 강의는 서울의 일류 강사진으로 구성돼 있어 신뢰감이 간다. 그리고 동영상 강의는 틈틈이 시간나는 대로 반복해서 계속 들을 수 있는 게 좋다.

동영상 업체는 인터넷으로 찾아보면 에듀나인도 있고, 에듀윌도 있다. 그 외에도 여러 곳이 있다. 기초과정, 심화과정, 문제풀이 과정, 이런 과정별로 동영상이 구성되어 있다. 기초 과정에서는 1차 과목 위주로 공부를 했다.

민법은 민법 조문 및 핵심 판례집을 집중적으로 하고, 부동산학 개론에서는 계산 문제는 아예 제쳐두고 출제 비중이 높은 쪽으로 공략했다.

계산 문제는 두세 개 정도 나온다. 수치 계산 능력이 약할 경우 전략상 생략하는 것도 요령이다. 심화 과정부터는 1차 과목과 2차 과목을 병행해서 작전 계획을 세웠다. 공법은 범위가 넓고 법조문이 까다로워 작전상 과락을 면할 정도로 했다.

대신에 많은 점수를 확보하는 대상으로 중개사법을 택했다. 중개사법은 공부해야 할 분량이 적고, 이해하기가 수월했다. 중개사법을 90점 이상으로 목표를 세웠다. 공시법과 세법은 동영상 강의에 충실하기로 했다. 문제풀이 과정에서 틀을 잡아도 될 것 같았다.

심화 과정을 마치고 문제풀이 과정으로 들어설 때쯤 되니, 어느 정도 자신감이 생겼다. 지루함도 없어지게 되었다. 작년에 독학으로 할 때와는 전혀 다른 느낌이었다.

시험 당일 작년의 경험을 살려 쉬운 문제, 내가 아는 문제부터 먼저 체크를 했다. 그 다음 어려운 문제를 해 나갔다. 그리하여 합격을 했다.

내 경험으로 봐서는 이런 것을 느낄 수 있었다. 어떤 자격시험이든 공부할 때 집중도를 올릴 수 있는 길은 거창하지 않다는 것이다. 오직 꾸준하게 하는 열정뿐이다. 그렇게 되면 흘리는 것보다 주워 담는 게 더 많을 수밖에 없다.

무엇이든 해 볼까 말까 망설이기보다는 도전하는 데 의미를 두는 게 좋다. 나 자신이 간절히 원하는 것이 있다면 노력할 때 언제든지 땀 흘린 보상을 받게 된다. 다른 사람들이 해냈다면, 분명 나도 해낼 수 있다. 자격증 취득이든 삶에서든 그러한 정신이 필요할 것이다.

사무실 개업하기 |

입지 선정은 향후 자신의 주력 업종을 선택하는 것과 연결된다. 우선 자신이 주력으로 삼을 분야가 무엇인지 명확해야 한다. 아파트 위주는 토지나 상가 등 다른 것보다는 초보자가 하기에 수월한 편이다. 입지 선정에서는 사무실 면적은 그리 중요한 것은 아니다.

위치가 중요하다. 고객의 동선을 고려해서 선정해야 한다. 나는 아파트 위주로 선정했다. 그래서 신규 아파트 단지 내 상가를 임대해 개업했다. 사무실 집기는 새것이 아니더라도 상관없다. 멋모르고 일체 새것으로 장만했는데 조금 지나고 나면 그게 그것이다.

직원은 두고 할 것인가 아니면 혼자 할 것인가의 결정은 점차 결정해도 된다. 나는 직원을 두지 않고 혼자 10년간 했었다. 혼자 하면 마음 편한 것이 장점이다. 그러나 정보력이나 추진력이 약해 수입에 현저한 차이가 있다. 그리고 공인중개사 친목 단체는 가입하는 게 크게 도움이 된다.

다음으로 갖추어야 할 가장 중요한 것은 마음가짐이다. 부지런하고, 친절하고, 악바리 근성이 있어야 한다. 체면은 버리고, 배짱으로 밀고 나가야 한다. 이것은 비단 사무실 개업뿐만 아니라 우리네 삶 자체가 그렇게 돼야 한다.

공인중개사 사무실을 운영하며 터득한 삶의 지혜다. 그것을 얘기해 보자는 것이다. 우리의 사고방식 하나가 행동에 막대한 영향을 미치기 때문이다. 더 늦기 전에 느껴야 한다. 그러나 나는 그에 미치지 못했음을 이제야 느꼈다. 때때로 진로 변경을 하는 게 정신 건강에 좋다는 생각이다. 그래서 미루고 미루다 때 늦게 책 쓰기로 진로 변경을 했다.

학습 관리
공부도 요령이 있다 -

금년도 수능 만점자가 6명이라고 평가원에서 발표했다. 각종 시험에서 고득점자들의 합격 수기를 보면 과외보다는 학교 수업에 충실했다. 스스로 공부하는 습관을 들이고 학업에 매진했다. 또는 매일 성실하게 열심히 하면 마침내 이루어지게 된다고 말하고 있다.

이렇듯이 특별한 비법이 있는 것도 아니다. 수월하게 이룰 수 있는 왕도가 있는 것도 아니다. 그러나 간과해서는 안 될 일이 있다. 그들이 합격하기까지는 피나는 노력, 눈물겹도록 집요한 몰입이 있었다. 빈틈없는 추진력이 합격의 길로 이끈 것임을 알아야 된다.

그러자면 우선 무엇을 위한 학습이며, 어떻게 추진해야겠다는 학습 관리 계획을 수립해야 한다. 그렇게 할 때 모든 역량을 완전히 쏟아붓는 힘이 생긴다. 그것 이외는 모든 것을 포기할 수 있다는 의지가 있어야 피나는 노력이 가능하다.

오직 그것에만 매달리는 생활, 그래서 눈물겹도록 집요한 몰입의 경지에 이르게 된다. 그것이 생활화되면, 빈틈없는 추진력은 저절로 발생하게 되는 것이다.

학습에 열중하도록 길들이기

내 마음인데 왜 내 마음대로 되지 않을까. 답답할 때가 있다. 더구나 무엇에 열중해야 할 때 그렇지 못하고 옆길로 빠질 때 더욱 답답하다. 그것은 무력감 때문일 수도 있다. 멍하니 시간을 보내는 경우가 있다면 그건 바로 무력감이다.

자신이 외부 환경을 통제하지 못할 때는 그렇게 되고 만다. 그리하여 열중하게 되는 정신을 포기하게 된다. 온갖 수단을 다 썼음에도 계속 실패한다거나, 어떤 일에 번번이 묵살 당할 때 등 흔히 일어날 수 있는 일들이다. 심한 스트레스가 아닐 수 없다.

그러나 주저앉아서는 곤란하다. 방법을 찾아야 한다. 방법이 없는 게 아니다. 현실적이고 실현 가능한 목표를 세우는 것이다. 그리고 자기가 할 수 있는 능력을 알고, 또한 실패의 원인이 무엇인지, 살펴보는 것도 대안이 될 수 있다.

그리고는 그 목표를 향해 모든 정성을 완전히 쏟아붓겠다는 굳은 의지가 수반되어야 한다. 예를 들어 대학 진학을 목표로 둔 고교생의 경우를 한번 생각해 보자. 우선 고등학교 3학년 한 해 동안은 내 생애에서 없는 해라는 목표 설정이 있어야 한다.

그러니까 내가 정한 목표를 위해 제대로 한번 빠져 보자는 얘기다. 학창 시절 1년이 향후 사회생활에서 20년과 맞먹는 결과를 초래한다고 볼 수 있다. 지나온 세월을 뒤돌아볼 때 그것은 분명하고도 확실한 느낌이다.

그 정도로 중요한 시기라고 말할 수 있다. 내 목표를 위해서는 그 길만이 있을 뿐이다. 오로지 목표를 향해 전심전력을 다할 때 바라는 바를 획득할 수 있는 것이다.

그래서 시간이 나면 성공한 사람들의 강연을 듣는다거나, 위인전을 봐야 한다. 늦기 전에 느껴야 한다. 무력감에 젖어 있을 때가 아니다. 고등학교 시절을 놀면서 보내는 것은 잠시뿐이다. 그러나 그 결과는 한평생을 좌우하는 심각한 문제임을 느껴야 된다.

목표를 달성하는 그날까지는 목표 이외의 다른 모든 것을 포기하는 아픔을 견뎌내야 한다. 나 자신은 막연하게 허송세월을 보냈다. 그러나 그 세월에도 생각이 깊고 앞서가는 사람들이 적지 않았다.

단지 나만 몰랐을 뿐이다. 그들은 목표를 설정하고 그 일에만 매진했다. 그래서 지금은 성공한 사람들의 대열에서 즐기고 있는 것이다. 단지 학창 시절 몇 년의 차이 때문에 일어난 현상이다.

그들이 가지는 그들만의 즐거움, 모두 다 젊었을 때 피나는 노력의 대가다. 시샘하거나 부러워할 일이 아니다. 내 과거의 어리석음을 탓해야 한다. 참고 견디는 것이 어느 기간, 그 기간만이다. 그리 길지 않은 기간이다. 그 기간만은 어떠한 일이 있더라도 참고 견뎌야 한다. 학습에 열중하는 기간도 다 때가 있다.

그때를 놓치게 되면 어찌 할 수가 없다. '그때 그렇게 했어야 하는데' 이때쯤이면 이미 늦었다. 오직 계획했든 그 일에만 전심전력을 기울여야 한다. 이러한 계획은 대학 입시든, 자격시험이든, 공무원 시험이든, 그 어느 것 하나 다를 바 없다.

사람의 습성은 우선 편안함에 길들여져 있다. 또한 그것을 유지하려는 막연한 흐름이 잠재해 있다. 그러니 주변에서 조금이라도 편한 얘기가 있으면 혹하고 넘어간다. 그것은 나만의 학습 계획이 없기 때문이다.

독한 마음을 가져야 된다. 살아가는 과정이나 학습에는 어떤 비법이 존재하는 것도 아니다. 단지 피나는 노력이 있을 뿐이다. 멈추지 않는 노력, 그것은 어느 누구도 막을 수 없는 나 자신의 힘이며 자산이다.

관련 서적 탐독하기

다른 사람의 알찬 지식을 내 것으로 만드는 방법이 있다. 그것은 바로 관련 서적을 탐독하는 일이다. 책 한 권에는 저자의 역량이 총 집결되어 있기 때문이다. 책 한 권을 본다는 것은 알찬 지식을 통째로 얻게 되는 셈이 된다.

요즘 서점에 가 보면 내가 알고자 하는 모든 것에 대해 없는 책이 없다. 서점에 가기 귀찮다면 인터넷으로도 주문이 가능하다. 그만큼 지식을 쌓기에 수월해진 세상이다. 내가 필요로 하는 책을 찾아서 그중에 와 닿는 내용은 별도로 요약 기록해 가면서 보면 더 효과적이다. 그렇게 하루에 30분 정도만 투자하면 된다. 그러면 일 년에 최소한 50권 정도는 내 지식으로 만들 수 있다.

바빠서 도저히 안 되겠다면 잠자리에 들기 전 약간의 틈을 내도 된다. 정신적 안정감도 있고 쾌적한 수면 유도에도 큰 도움이 된다.

공인중개사 사무실을 운영할 때 사무실 책장에는 약 700권 정도의 책들이 있었다. 개업할 때보다는 몰라보게 숫자가 늘었다. 계약이 성사되어 수수료를 받을 때마다 몇 권씩 사게 된 결과였다.

나 자신은 그렇게 책을 읽어 가며 생활이 바뀌었다. 책 속에 빠져들면 퇴근할 때 마음이 한결 가벼워지는 걸 느낄 수 있다. 일그러진 마음을 다독이는 데는 책만 한 게 없다. 온통 평온함에 젖도록 하기 때문이다.

처음 한두 권을 읽을 땐 큰 변화를 느끼기 어려울 수도 있다. 벌써 100권 정도 넘어서게 되면 임계점을 맞는 순간이 반드시 온다. 다양한 분야의 책을 읽게 되면 자연스럽게 사고의 폭과 깊이가 그 전과 달라지는 느낌이 들게 된다.

광화문 교보 문고 앞에는 이런 표현이 있다. "책은 사람을 만들고 사람은 책을 만든다." 좋은 글이다. 대영제국의 총리 처칠의 경우를 보면 알 수 있다. 그는 학창시절 성적은 낮은 데다 친구와 놀기를 좋아하는 학생이었다고 한다.

그래도 좋아했던 것은 책 읽기였다고 했다. 이를 알아차린 부모가 책 읽기에 주력할 수 있는 여건을 만들어 줬던 것이다. 그것이 습관이 되어 그는 평생 하루도 책을 놓지 않는 독서광으로 살았다.

심지어는 장교로 임관하여 여러 임지로 전전하면서도 독서에 몰두했다고 한다. 이렇게 많은 책을 접한 결과 그의 삶은 완전히 달라졌다. 그의 격조 높은 문장과 연설문을 쓸 수 있었던 것도 관련 서적의 탐독이었다고 할 수 있다. 그리하여 노벨 문학상을 수상하기도 했다. 이러한 것을 볼 때 사람은 책을 읽어야 생각이 깊어진다는 것을 알 수 있다. 그것도 놀라울 정도로 사고력이 높아진다. 좋은 책을 읽고 있으면 내 영혼에 불이 켜지기 때문이다. 읽는 책을 통해서 사람이 달라지는 것을 느끼게 된다. 책 읽는 습관, 처음에는 약간 부담스러울 수도 있다.

조금씩 계속 반복해서 길들여지면 남다른 재미를 느낄 수 있다. 독서를 많이 하면 학습의 전이가 촉발되어 새로운 지식 형성이 용이해진다고 했다. 추진하고 있는 내 인생 5개년 계획을 위해 관련 서적을 우선 탐독해 보자.

한 권의 책을 기본서로 삼고 여러 관련 서적을 덧대면 나만을 위한 지침서가 만들어진다. 가는 길이 한결 수월해진다. 내 인생에 대한 계획도 반드시 성공할 수 있다.

이런 공부도 하고 보면

운명이란 게 삶에 어떠한 영향을 미치는지, 궁금한 마음이 들 때가 있다. 무관심도 병이지만 생각이 많은 것도 문제라면 문제일 수 있다. 그 전부터 심심할 때, 또는 공인중개사 사무실에 손님이 뜸해질 때면, 가끔씩 보아 왔던 사주 명리학 책자를 다시 보게 됐다.

초보용 책을 벌써 두 번째 완독이다. 궁금증은 더해져 더 깊이 있는 책으로까지 이어졌다. 그도 모자라 평생 교육원에 등록을 했다. 사주 명리학 기초 과정이었다. 생각 외로 재미를 느껴 심화 과정까지 마쳤다. 그 후 사주 명리 상담사 자격증을 취득했다.

자격증이 아직은 국가 공인 자격증이 아니고, 국가에서 민간 업체에 위탁하여 실행하는 자격증이다. 그러한 사주 명리학은 세상을 바라보는 하나의 관점이다. 당사자의 생년월일과 생시에 간지를 세워서 사주 팔자를 뽑는다.

여기에 천간 지지의 합충, 오행의 생극화, 12운의 강약 그리고 육친과 격국, 대운과 소운 등 덧붙이면 덧붙이는 대로 운세가 펼쳐진다.

사주팔자가 미래 예측을 제대로 하느냐, 아니냐의 논쟁을 떠나 배워보면 재미가 있다. 사람의 이야기, 나의 이야기, 내 주변의 이야기가 있어 재미있다.

그런 정도로 관심을 두면 재미를 느낄 수 있을 것이다. 세상살이가 너무 메마르기 때문이다. 하는 일에 의욕을 잃거나 맥이 풀리는 등의 감정은 어느 누구에게나 있을 수 있는 일이다. 살아가노라면 어쩔 수 없이 겪게 되는 삶의 흔들림이랄 수 있다.

크게 상실감에 젖어 일을 그르치게 할 일은 아니다. 그냥 훌훌 털고 일어서면 되는 하찮은 일이라고 보면 된다. 그렇게 생각하면 그게 바로 긍정적 삶의 지혜. 그렇지 못하고 "나는 제대로 되는 게 없어"라든지 자책감에 젖어 어딘가 의존하게 되는 경향이 있을 수 있다.

그렇다면 과연 잘 안 풀리는 운명도 있고, 그렇지 않은 운명도 있는 것일까. 인공지능 시대가 왔다지만 기계적인 컴퓨터는 인간의 정신세계를 이해하지 못한다고 했다.

이것은 발전된 현대 심리학에서도 다 터치하지 못할 것이라는 학자들의 견해도 있다. 우리가 살아가면서 마음이 아플 때 누군가의 격려가 필요하다. 또한 희망적인 조언이 필요할 때도 있다. 그럴 땐 조용히 내 마음을 다잡을 필요가 있다.

마음의 병은 오래 가고 겉으로 드러나지 않는 경우가 많다. 그래서 마음을 다스리자면 책 속에 빠지는 것도 하나의 방법이 될 수 있다. 그 책 중에는 사주 명리학을 포함해도 괜찮을 것이다. 요즘 시중에는 쉽게 설명한 책들이 많이 나와 있다.

책에 나와 있는 기초적인 사항 정도로만 봐도 어느 정도 이해를 할 수 있다. 그래도 안 되겠다면, 더 깊이 사주 명리학을 찾아 상담을 생각해 볼 수 있는 문제다. 점집이나 무당 집은 사주 명리학과는 엄연히 다른 곳이다.

사주 명리학을 다 믿을 수 있다는 얘기는 아니다. 사주 명리학을 하는 사람들도 호구지책 생활 수단으로 날림 판으로 하는 곳이 있을 수도 있다. 결국은 사주 명리학이라는 게 이런 것이구나 하는 정도로 그쳐야 한다. 모든 것은 내 마음 먹기에 달려 있기 때문이다.

인생이란 오늘을 살아가는 내 삶의 모습이 매일 쌓여 만들어지는 것이다. 그렇게 쌓이고 쌓이면 그것이 바로 나의 삶이다. 그것으로 나의 미래 예측도 짐작해 볼 수 있는 것이다. 오늘의 나는 지나온 세월 쌓아온 기록의 결과이다.

그렇듯이 앞으로의 삶도 내가 어떻게 살아가느냐에 따라 달라질 것이다. 인간 내면의 세계는 복잡 미묘하다. 내 앞날은 내가 개척해 나간다는 굳은 의지만이 나 자신을 바르게 인도해 줄 것이다. 오직 자기 자신만이 할 수 있는 영역이다.

사주 명리학은 어디까지나 타고난 운명적 심리를 알아보려는 학문일 뿐이다. 학문으로서만 이해하면 될 일이다. 운명은 빈틈없이 고정된 것이 아니다. 개인의 노력 여하에 따라 얼마든지 달라질 수 있다.

인공지능의 시대가 오고 있다

모든 것들이 바뀌고 있다. 바야흐로 인공지능 시대가 오고 있다. 이제 마치 인터넷이 그랬던 것처럼 인공지능이 머지않아 그 자리를 이어받게 될 것이다. 몇 년 전 인공지능과 인간과의 대결 국면이 연출된 바 있었다.

그날 인공지능 알파고와 이세돌의 바둑 대결이 중계방송되었다. 그 대국을 보고 놀라움을 금치 못했다. 이세돌 프로 기사는 12세에 입단하여 세계 바둑 최강의 계보를 이어간 바둑 기사다. 역대 가장 빠른 기간에 9단까지 승단했으며 각종 국제 기전에서 수차례 우승한 바도 있다.

그러한 이세돌과 인공지능 알파고와의 대국이 몇 년 전 치러졌다. 세계가 주목한 대국이었다. 바둑계에선 이세돌의 5대 0 완승이거나, 4대 1로 이길 것으로 예상했었다. 알파고는 직접 바둑을 둘 수 없기 때문에 알파고 대리인이 알파고가 둔 수를 대신 바둑판에 옮긴다.

대리인이 이세돌 9단이 둔 수를 컴퓨터에 입력하게 된다. 그리고 알파고 프로그램을 돌려 일정의 과정을 거쳐 다음 수를 두는 형태로 이루어진다.

대국은 시작되었다. 이세돌 9단은 초반부터 공격적으로 판을 풀어나가며 분전했다. 그러나 알파고의 벽을 넘지 못했다. 3국까지 0대 3 스코어를 기록하며 나머지 대국 결과와 관계없이 알파고의 승리가 확정되었다.

나머지 4국에서 간신히 1승을 했고, 5국에서는 불계패했다. 전체적으로 4대 1로 알파고의 승리로 끝나 버리며 인공지능에 압도당했다. 불과 몇 달 전 만 해도 인공지능이 아직 멀었다는 의견이 있었지만 그 이후 분위기가 확 바뀌었다.

사람들은 부쩍 다가온 인공지능 시대를 체감하게 되었다. 알파고가 화제가 되면서 인공지능 시대의 놀라움을 금할 수 없게 되었다. 전 국민의 관심을 갖는 분야로 떠올랐다. 덕분에 인공지능에 대한 교육이나 홍보가 더욱 관심을 갖는 계기가 된 것이다.

한편으로는 두렵기조차 하다는 평도 있다. 물론 과학 기술은 인류 최고의 발명이다. 또한 그 위대함은 지적 발전의 차원에만 있는 게 아니다. 과학 기술은 사람들에게 수많은 혜택을 가져다 준 것은 사실이다. 하지만 알파고의 승리는 단순한 승리가 아니다. 그것은 인공지능이 이미 인간의 능력을 넘보고 있다는 것을 보여주는 사례라 할 수 있다.

이러한 것을 생각할 때 머지않은 장래에 인공지능은 엄청난 속도로 생활 곳곳에 자리 잡을 것으로 예상된다. 이제 앞으로는 인공지능이 인터넷이나 스마트폰을 뛰어넘는 충격을 줄 수도 있다.

우리네 생활에 지금 활용되고 있는 드론이나 무인 자동차라든가 의료 로봇 등에서 볼 수 있다. 드론의 활용도는 갈수록 높아질 것이다. 실제 조종사가 탑승하지 않은 채 비행할 수 있기 때문이다.

현재 촬영뿐만 아니라 드론을 활용해 미세 먼지 측정, 방제 작업, 인명구조 수색 작업 등 다양하게 이루어지고 있다. 무인 자동차 역시 머잖은 장래에 지금의 것과 대체할 날이 올 것이다. 세계의 주요 자동차 기업들이 무인 개발에 뛰어들고 있는 것을 보면 알 수 있다.

우리네 생활 곳곳에 인공지능이 빠르게 스며들어 활용되고 있다. 그 인공지능을 어떻게 활용하느냐에 따라 좋은 점도 있을 수 있고, 그 반대도 될 수 있을 것이다. 어차피 인공지능의 시대가 도래했다면 나 자신도 그에 발맞춰 인공지능에 관심을 가져야 할 시점이 된 것이다.

몰입의 기술

사람마다 좋아하는 일은 모두 다르다. 자기 자신이 무엇을 좋아하는 지를 일찍 깨닫는 게 중요한 일이다. 누구든 좋아하는 일에는 더욱 흥미를 느끼게 되고 또한 관심을 가지게 된다. 그런 정도로 내가 좋아하는 일에 흠뻑 젖는 상태가 계속되면 몰입으로 이어지는 것이다.

어떤 일을 함에 있어 무아지경에 빠져들 수 있게 된다. 그것을 찾아야 한다. 무아지경에 젖어들면 못 이룰 게 없다. 시간 가는 줄도 모르고, 피곤함도 덜 느끼게 된다. 이를 모르는 사람은 없다.

그러한 일을 한번 해 보자는 거다. 생각해 보면 내가 어떤 일에 더 관심을 가지게 되었고, 어떤 일에 더 흥미를 느꼈는가를 살펴보면 알 수 있다.

중학교 다닐 때 일이다. 그 당시 대구 극장가에서는 〈벤허〉라는 영화가 개봉 상영되고 있었다. 김천에서 그곳까지 가서 영화 〈벤허〉를 보았다. 전차 경주는 그야말로 너무 감동적이었고, 그에 빠져드는 느낌이 무아지경이랄 수 있었다.

벌써 수십 년 전의 얘기다. 그 당시 우리 집 이웃에 나이 드신 부부가 아들 하나를 두고 있었다. 공부에는 별로 관심이 없고 말썽 부리는 일이 잦았다. 그의 부모는 어떻게 해서든 교회에 함께 데리고 다니려고 무척 애를 쓰고 있었다.

그 부부가 아들을 데리고 종교 영화 〈벤허〉 구경을 가는 일이 생겼다. 그때 그 집 아들이 친구인 나를 데리고 가자고 떼를 쓰니까, 그 부모가 마지못해 승낙을 하게 된 것이다.

그 후로도 〈벤허〉의 전차 경주를 몇 번 더 보게 되었는데 볼 때마다 그 감동을 잊을 수 없었다. 그렇듯이 무아지경에 빠질 수 있을 만큼의 그런 일을 찾아보자는 것이다. 즉 몰입을 하자면 몰입의 조건을 충족시킬 수 있는 방법을 찾아 봐야 한다.

좋아하는 일을 하거나, 아니면 지금하고 있는 일을 좋아하도록 만들거나, 그렇게 하는 것이 바람직한 일이다. 쉬운 일은 아닐 테지만 한 가닥 한 가닥 풀어나가면 그렇게 어려운 일도 아니다.

내가 이루고자 하는 내 인생 5개년 계획의 목표 달성을 위해서는 몰입의 정신이 필요하다. 무아지경에 빠질 수 있는 일이라면 가능해질 것이다. 좋아하는 일은 강력한 에너지를 가지고 있기 때문이다. 그래서 집중력이나 의지의 문제 이전에, 몰입하고자 하는 대상과의 관계를 살펴볼 필요가 있다.

영화 〈벤허〉의 전차 경주에 빠져 있을 때를 한번 생각해보면 이해가 될 것이다. 웅장한 스케일, 박진감 넘치는 스릴, 계속 이어지는 긴장감, 거기에다 입체 음향까지 어우러져 나도 모르게 전차 경주에 흠뻑 섞게 만든다. 이럴 때가 바로 무아지경에 빠진 경우가 아니겠는가. 무언가에 흠뻑 빠진 상태가 몰입의 초기 단계랄 수 있을 것이다. 나와 대상의 경계가 사라지는 것이다.

그렇다면 내가 하고자 하는 일에 흥미가 없다거나, 좋지 않은 감정을 느끼고 있다면 그게 가능할까. 여기서 생각해 볼 수 있는 게 바로 내가 좋아하는 일을 하자는 것이다. 그러면 몰입 할 수 있는 조건을 만들어주는 것이 된다.

바꾸어 말하면 모든 사람에게는 집중력이 없는 게 아니다. 집중력은 있으나 이를 발휘할 조건이 형성되지 않았다는 결론에 이르게 된다. 즉 몰입에 빠져들려고 한다면 그러한 여건 조성이 이루어지도록 해야 한다는 의미다.

너무 서두르거나 안 되는 일을 무리하게 할 것이 아니다. 내가 좋아하는 일부터 하면서 점차 시야를 넓혀 나가는 게 더욱 효율적이다. 그러한 감정이 쌓이면 집중력으로 이어지고, 그 집중력이 몰입을 불러오게 된다.

진로와 직업 선택
목표가 분명해야 성공한다 ─ ──────

"인생살이에 정답은 없다"라는 말이 있다. 그것을 되돌려 얘기하면 하루하루 최선을 다하는 게 합리적이고 바람직한 일이 될 수 있다는 의미이다. 하루하루가 모이고 또 모여서 그게 인생이 되는 것이기 때문이다.

진로 선택이 아무 대책 없고 비합리적이라면 문제가 될 수 있다. 인생은 항상 선택의 갈림길을 맞이하게 되고 싫든 좋든 선택된 길로 그렇게 가고 있는 것이다. 나에게 맞는 최적의 일을 찾아야 된다. 그렇다면 무엇이 나에게 맞는 최적의 일일까. 내 인생을 위한 계획에 의지를 보일 때 내가 무엇을 해야 할 것인가가 보이게 된다.

즉 나의 숨은 재능은 무엇이며 무엇이 나로 하여금 신명나는 느낌을 가지게 하는지, 나 자신을 살펴봐야 한다. 그것도 이르면 이를수록 좋다. 아무 의미 없는 일에 남들과 같이 휩쓸려 다닐 지금이 아니다. 나의 숨은 재능을 찾아서 갈고 닦는 일에 나서야 한다. 그것으로 즐거움을 느낄 수 있게 생활화해야 한다.

공무원으로 가는 자세

공무원은 국가직과 지방직이 있다. 공무원은 급수가 낮은 단계 9급에서부터 점차 1급으로까지 이어지게 된다. 그중에서 공개경쟁 시험으로 뽑는 급수는 9급, 7급, 5급이 있다. 과거 행정고시, 기술고시 등을 요즘은 5급 공채로 불리고 있다.

9급이라면 흔히 얘기하는 말단 공무원을 말하는 것이다. 7급은 지방 관서에서는 차석급이다. 5급은 중앙 관서에서는 계장급, 즉 주무관이고 하급 관서에서는 과장급이다. 일단 9급으로 들어가면 일정 연한이 경과되어 8급으로, 또 7급으로 그렇게 한 단계씩 오르게 된다.

공무원 생활 34년간 하면서 느꼈던 일 중의 한 가지가 있다. 공무원 시험에는 학력이라는 장벽이 없다. 한 단계씩 오르는 진급 과정에서도 학력의 차별 대우는 없다. 그래서 이런 결론을 얻을 수 있게 된다.

고등학교에 다니는 3학년 단짝 친구 2명이 있다고 가정해 보자. 한 친구는 김 군이고 다른 친구는 박 군이다. 김 군은 고등학교 졸업과 동시에 9급 공무원 시험을 봐서 발령을 받았다. 박 군은 지방의 어느 대학 졸업과 군대를 마치고 대기업 이곳저곳을 기웃거리기 시작했다.

월등한 실력이 아니고서는 희망이 보이질 않았다. 그래서 결국 뒤늦은 노력 끝에 9급 공채로 공무원이 되었다. 나이는 벌써 만 28세가 되었다. 여기서 김 군과 박 군의 경우를 한번 살펴보자. 김 군은 이미 8급을 거쳐 7급 공무원이 되어 있다. 연한이 경과되어 승진된 것이다.

매해 한 호봉씩 올라가는 호봉에도 차이가 나게 되어 월급 자체도 월등한 차이를 보이게 된다. 박 군이 계장 진급을 할 때쯤이면 김 군은 이미 과장으로 승진해 있을 때다. 정년퇴임할 무렵이면 김 군은 행정부 고위공무원급인 3급이거나, 4급 서기관으로 퇴임식을 가지게 될 것이다. 그러나 박 군은 5급 사무관이거나 잘해야 4급 서기관으로 정년을 맞이하게 된다. 그래서 9급 공무원이더라도 김 군처럼 일찍 이른 나이에 시작하게 되면 그런대로 내 꿈을 펼칠 수 있게 된다. 박 군처럼 늦은 나이에 출발할 경우 꿈을 펼칠 만하면 퇴직할 나이에 이르게 된다.

또한 퇴직 후 매월 받게 되는 공무원 연금에도 막대한 차이가 나게 되는 것이다. 여기서 말하고자 하는 핵심은 이것이다.

9급으로 시작하겠다면 공무원 응시 계획 수립을 고등학교 때부터 검토해 볼 수 있다는 것이다. 학업을 더 하겠다면 공무원 생활하면서 방송통신대학으로도 얼마든지 가능한 일이다. 만약 박 군처럼 대학 진학을 하고 공무원으로 꿈을 펼쳐 보겠다면 5급 공채 시험 과목 위주로 계획을 세워서 밀고 나가야 한다.

그것은 대학 1학년 때부터 해야 한다. 5급, 또는 7급 공채에 합격하여 발령 받게 된다면 대학 생활 몇 년간의 고생, 충분히 보상 받고도 남는다.

창업으로 가는 자세

작년에 공인중개사 사무소 폐업 신고를 냈다. 개업을 한 지 10년이라는 세월이었다. 경험으로 비추어 볼 때 창업이라는 것, 전투태세 없이 덤벼서는 곤란하다. 어떠한 경우에도 절망하거나 포기하지 않는 희망의 배수진을 치고 바짝 매달려야 승산을 볼 수 있다.

악바리 근성은 기본이고 얄팍한 자존심 또한 집어던져야 한다. 하다가 안 되면 말지. 이런 정신이 조금이라도 있다면 성공 가능성은 없다.

이것 아니고는 다른 방법이 없다는 정신, 즉 죽기 살기로 덤비는 정신이 필요하다. 이런 정신을 밑바닥에 깔고 있어야 한다. 우리네 인생살이 어디에서든 꼭 필요한 생활 철학이다. 어떤 일을 하겠다면 희망의 배수진을 쳐야 한다.

그리고 악착같이 밀고 나아가야 한다. 앞으로 나아가는 일 이외는 길이 없다. 이것보다 더 강한 메시지가 어디에 있을까. 배수진을 치고 죽을 각오로 하겠다면 안 될 일이 없다. 죽을 각오, 그건 죽음보다 더 강한 삶의 애착심이라고 누군가는 얘기했다.

내가 설정한 목표 이외는 거들떠볼 것도 없다. 그것을 이루는 그날까지 목적지를 향해 앞만 보고 달리면 된다. 체면이나 자존심 따위는 정말 확 거둬치워야 한다. 놀고 싶은 유혹, 헛된 욕망, 눈앞의 작은 쾌락에 빠지는 것, 그보다 더 어리석은 일은 없다.

성공한 사람들을 보면 알 수 있다. 그들은 수단과 방법을 가리지 않고 오직 목표를 향해 전심전력을 쏟아부은 사람들이다. 전력을 다하면 무한한 힘이 솟는다. 악착같이 밀고 나아가 보자. 힘든 일, 고단한 생활, 누구나 겪는 일이다.

성공을 위해 달리다 보면 쉬이 지치게 될 수도 있다. 보다 큰 성공을 바랄수록 더 큰 시련이 닥칠 수도 있다. 그렇기 때문에 희망의 배수진을 치고 맞서야 한다.

자신에게 맞는 최적의 일을 찾아라

누구에게나 자신이 좋아하는 형태의 일이 있다. 밥 먹을 것조차 잊을 정도로 좋아하는 일, 그것은 강력한 내적 동기를 만든다. 자신감, 즐거움 등이 그것이다. 마치 새로운 차원의 세계로 빠져드는 느낌을 갖게 한다. 시간이 흘러가는 것을 느끼지 못한다.

게으름의 여지가 없다. 그러므로 자신이 좋아하는 일부터 시작해야 한다. 그렇게 함으로써 매사에 열정을 갖게 된다. 또한 이루고자 하는 일에 좋은 기분으로 접근하게 되는 것이다. 말하자면 첫 단추가 중요하다는 의미다.

그렇게 하지 못해 어려움을 겪는 사람들을 보는 경우가 있다. 우리 부동산 사무실에 가끔 들르는 할아버지가 그렇다. 할아버지는 장성한 아들이 하나 있다. 성격이 쾌활하고 개그맨 기질이 있다고 한다. 그 때문에 학교 다닐 때부터 지금까지 헛돈도 많이 날렸다고 했다. 그게 뜻대로 안 되니 중소 기업체에 생산직으로 취업은 했으나, 곧 그만두겠다는 것이다. 하다 못한 할아버지는 가지고 있던 주택을 팔겠다고 우리 부동산 사무실에 들렀다. 그 자금으로 아들과 함께 어디 식당이라도 하나 내겠다는 것이다. 다행스럽게도 곧바로 좋은 금액으로 주택 매매가 성사되었다.

몇 년 후, 식당 영업도 잘 되고 한결 밝은 표정이다. 원래 할아버지 성격이 넉살스럽고 호탕한 데가 있었다. 그 아들까지 개그맨 기질이 있으니 제대로 일을 찾은 것 같다. 자연스럽게 매상도 오르고, 따라서 열정도 더 생기게 된 그런 일이었다.

어떤 일이든 자신이 좋아하는 일을 하는 것이 중요하다. 좋아하는 일에는 신바람이 날 것이고 흥미가 붙게 마련이다. 그것이 강력한 내적 동기를 만들기 때문이다. 그래서 나 자신에 맞는 최적의 일을 찾아 그 일을 해야 한다.

그까짓 체면쯤이야

체면이란 명분에 매이다 보면 내용보다 형식이, 실력보다 허세가 더 강하게 작용하게 된다. 헛된 자존심만 팽배해지고 위신만 앞세워 실속이라고는 없다. 우리는 무의식 중에도 자존심을 세우고 불필요한 일에도 체면을 차리곤 한다.

이렇게 체면과 자존심에 너무 의존하는 것은 진로와 직업 선택에 아무런 도움이 되지 못한다. 체면을 버려야 모든 일이 제대로 이루어진다. 우리는 다른 사람들이 어떻게 생각하고 있는가를 염려하는 경우가 있다.

사실은 그럴 필요가 전혀 없는 일이다. 남들은 그런 일에 크게 관심이 없다. 그 염려는 오로지 본인 혼자만이 하고 있을 따름이다. 그럴 필요가 전혀 없다. 모든 것이 마음의 문제다. 남의 말이나 생각에 상처 받는 것은 어리석은 일이다.

남들보다 내가 더 나은지, 아닌지 신경 쓰고 있으니 피곤해질 수밖에 없다. 내가 가고자 하는 길에 그게 뭐 그리 대단한 일이 될 수 있나. 그런 뱃심이 필요하다. 모든 기준은 나일 텐데, 그게 아니고 남이 되니 그게 문제랄 수 있다.

남이 말하는 것은 그 사람의 자유이고 그것을 믿고 말고는 나의 자유임을 알아야 한다. 그래서 있는 그대로 마음 편히 체면 차리지 않고 살아가는 것이 복된 삶의 길이 될 수 있다. 그게 바로 체면에 얽매이지 않는 삶이다.

남이야 어떤 말을 하건 말건, 나는 나대로 이루고자 하는 내 갈 길을 가면 된다. 그것이 더 한층 높은 경지의 풍요로움에 살 수 있는 길이다. 체면만 버리면 반드시 그렇게 살 수 있다.

오직 한 가지 일에 전념해야 한다

울진에서 포항으로 가는 길에는 바닷길 옆 해안도로가 있다. 드라이브를 하다가 시장기가 들면 들를 만한 식당도 여럿 있다. 어느 날 들른 곳이 물회 전문집이다. 바다 옆 도로에서 샛길로 약간 내려오면 식당이 아담하게 자리하고 있다.

파란 하늘과 출렁이는 바다의 어울림에 취해서 그랬던지 맛있게 먹은 기억이 있었다. 몇 년 지난 뒤 또 들를 기회가 생겼다. 그렇게 몇 번을 그 집을 가게 되니 주인장하고는 이런저런 얘기를 하게 되었다.

그는 식당 영업을 하기 전 대구 서문시장에서 포목점을 운영했다고 했다. 한창 잘 되어가던 영업도 동업자의 속임수에 넘어가 그만 빈털터리 신세가 되었다. 그 후 몇 년을 막노동과 아내의 식당 종업원 수입으로 지냈다. 재기의 꿈을 다졌으나 여의치 않았다고 했다.

보다 못한 장인어른의 도움으로 이곳에 정착하게 되었다는 것이다. 처음엔 포장마차 수준으로 시작한 게 지금은 이 정도로 크게 번창하게 되었다. 옛날 막노동을 할 때의 어려움을 생각하면 어지간한 것은 참고 견딜 수 있는 힘의 원천이 생겼다고 했다.

오직 맛있는 물회 만드는 일에 온갖 정성을 다했다. 특히 초장 만드는 일에는 그 집만의 비법이 생길 정도로 신경을 많이 썼다. 덕분에 장사는 번성하기에 이르렀다고 한다.

그의 이야기를 듣고 있자니 살아 있는 교훈을 보고 느끼듯 감명이 깊어진다. 그러니까 몸소 느끼고 악착같이 덤비는 것과, 막연하게 대처하는 것에는 엄청난 차이가 있음을 여실히 보여주는 일이다.

무슨 일을 하든 악착같은 마음이 있어야 한다. 이렇듯 오직 한 가지 일에 전념을 다할 때 악착같은 마음도 생기고 성공도 보장될 수 있는 것이다.

재무 설계
돈은 버는 것보다 쓰는 것이 중요하다 --

몇 년 후 내 집 마련을 하겠다, 또는 얼마만큼의 종잣돈을 모아야겠 다는 계획을 세웠다면 현재를 희생하는 고통을 감내해야 한다. 그러한 재무 설계는 자신의 소득 범위를 고려해야 한다. 소비와 저축을 합리적 으로 설계하고 이에 맞춰 목표를 세우고 빈틈없이 실천함에 있다.

재무 전문가들의 견해에 의하면 먼저 소득부터 정확히 파악해야 된 다. 실제 주머니에 들어오는 금액을 소득으로 따져야 소비에 대해서도 더 신중해질 수 있다.

소득을 알고 그 다음 고정 지출을 진단해 봐야 한다는 것이다. 고정 지출을 줄이는 것은 대단한 각오가 필요하다. 고통이 수반된다. 막연히 아껴 써서 재무 상태를 개선하겠다고 생각했다면 아직 환상에 젖어 있 는 것임에 틀림이 없다.

재무 설계의 목표를 이루는 그날까지는 내 일상생활도 그와 뜻을 같 이해야 한다. 그러기 위해서는 삶의 규모를 줄이는데 즐거움을 느낄 정 도가 되어야 한다. 재무 계획은 대박을 만들어 주는 도깨비 방망이가 아니다. 돈에 대한 막연한 불안감을 없애주고 행복감을 안겨주는 것에 뜻이 있다는 것이다.

돈 쓰는 습관을 송두리째 바꿔야 한다

돈이 모이는 법칙은 너무나 단순하다. 돈은 악착 같이 벌고 끝까지 절약하는 정신으로 임해야 한다. 이러한 기본 원칙을 가볍게 여겨 온 것에 문제의 심각성이 있다. 참으로 안타까운 일이 아닐 수 없다.

나이 들어 이제야 느껴본들 이미 늦은 얘기다. 한 살이라도 젊었을 때 느껴야 된다. 돈은 한번 흩어지기 시작하면 쉽게 공중분해되는 경향이 있다. 들어온 돈은 손도 대지 말고 고스란히 모아야 한다. 힘들겠지만 그러한 각오와 결심이 필요하다는 뜻이다.

그러자면 사고 싶은 물건이나 하고 싶은 놀이든 최대한 뒤로 미루고 볼 일이다. 일주일 뒤로 미루고, 한 달 뒤로 미뤄라. 그러다 보면 언젠가는 나에게 절실히 필요한 물건이 아니었다는 사실을 깨닫게 된다.

헤픈 마음에 계획성 없이 샀다가 일 년이든, 몇 년이든 그냥 방치된 물건이 없었는지 뒤돌아보면 알 것이다. 돈은 쓰지 않고 수중에 남아 있으면 언제나 내 것이다. 차곡차곡 쌓이면 큰 목돈이 된다.

자연의 이치는 심은 대로 거둔다. 감자 심은 밭에서는 감자가 난다. 황금이 날 거라고 믿는 어리석음이 일확천금의 환상에 빠지게 된다. 일확천금은 없다. 악착같이 벌고 끝까지 절약하는 길 밖에 없다. 돈 쓰는 습관을 송두리째 바꿔야 한다.

아무 생각 없이 쓰다가 말년에 초라하게 지내고 있는 이들을 주변에서 볼 수 있다. 그들이 지금 땅을 치고 후회한들 이미 지나가 버린 일이다. 한 살이라도 젊었을 때 깨닫고 나만의 재무 설계를 세워야 한다.

아직도 주춤거리고 있는가. 현실적이고 실현 가능한 재무 설계를 서둘러 세워야 한다.

무조건 수입보다 적게 지출해야 한다

김천역 앞 골목길, 늦은 저녁 무렵인데 더운 날씨였다. 고등학교 입학하던 해, 여름이었으니까 벌써 수십 년이 흐른 얘기다. "아이스케키" 하며 외치는 소리가 가깝게 들려 왔다. 마주치고 보니 같은 반 친구임에 틀림이 없었다. 저녁이면 아이스케키를 팔러 다닌다고 했다. 케키 통을 어깨에 걸치고 있는 모습이 의젓했다. 키도 크고 명랑한 성격이다.

그의 아버지는 머슴살이로 가정을 꾸리는 형편이다. 가정 형편이 어려움에도 아들 학교만은 꼭 보내야 된다고 믿었다. 들어오는 돈이나 수입원은 한 푼도 쓰지 않고 차곡차곡 모으는 게 친구 아버지의 생활신조다.

어느 정도 모이면 땅을 사고, 또 모으고 땅을 사는 것뿐이라고 한다.

자갈밭도 그의 아버지 손을 거치면 옥토로 변했다. 부지런함이 이루 말할 수 없었다. 그런 가정에서 보고 자란 친구 역시 그의 아버지 못지 않았다.

돈에 대해서는 악착같은 면이 있었다. 그는 학교를 제대로 다니지 못하고 서울로 가게 되었다. 지금은 강남에서 꼬마 빌딩 몇 채를 가지고 여유로운 생활을 하고 있다고 한다. 배울 점도 많고 시사하는 바가 크다. 언제나 모자라는 게 돈의 습성이다. 쓰고 남은 돈으로는 목돈을 만들 수 없다.

조금 더 버느냐, 덜 버느냐의 문제가 아니라 얼마나 아끼고, 내일을 위해 준비하느냐 하는 게 더 중요한 일이다.

"작은 돈을 아껴야 큰 돈을 번다"고 워런 버핏은 말했다. 그는 세계적인 갑부 대열에 오른 미국의 기업인이다.

그러한 그도 어렸을 때는 용돈을 벌려고 껌과 콜라를 파는 알바를 했다고 했다. 대체적으로 돈을 움켜쥐는 철학이 있고, 악착같은 의지의 소유자가 성공한다는 사실을 명심해야 한다. 그것은 바로 지독한 자린고비 정신에서 나오게 된다.

평생 그렇게 하자는 얘기가 아니다. 어느 정도 정상 궤도에 오를 때까지는 친구와 그의 아버지가 했듯이 그렇게 해야 한다.

재정 상태 개선하기

코로나 경기 침체를 방어하기 위해 정부에서 자금을 많이 풀었다고 한다. 그 많은 돈은 다 어디에 있는지. 내 통장 잔고에는 소식이 없다 보니 늘 돈 걱정이다. 그렇다면 돈 걱정은 정말 돈이 없어서 생기는 것인가.

최근 경기가 어려워지면서 돈에 대한 스트레스가 이전보다 증가했을 것이다. 그러나 경기가 좋았을 때도 돈 스트레스는 여전히 존재했다. 그렇다면 돈 스트레스로부터 벗어나는 길은 없을까.

전문가들의 한결같은 주장은 재정 상태를 개선해 보라고 권한다. 즉 내가 얼마나 벌고 쓰는지를 파악해 돈의 흐름을 알아야 한다는 것이다. 그러자면 우선 가계부를 꾸준히 작성해야 한다. 단순히 지출 내역을 적어 놓는 것만이 아니라 돈을 항목별로 정리해 유동 비용과 고정 비용으로 나누어 세밀히 정리해 본다.

그것을 바탕으로 주간 또는 월간 단위로 정확한 정산과 분석을 통해 소비 성향을 파악하고 재정 상태 개선 계획을 세워 보라는 거다. 수입이 여의치 않을 때는 변동 지출 항목을 줄이는 방법으로 지출 규모를 조절해야 한다. 재정 상태의 개선은 거창하게 생각할 것이 아니라 내 형편에 맞는 범위 내에서 차근차근 넓혀 나가도록 해야 한다.

꾸준히 가계부를 작성하고 분석하여 실행하면 개선의 여지가 보이게 된다. 어느 정도 재정 상태 개선의 효과가 이루어진 후 재테크 계획으로 이어질 수도 있다. 재정 상태 개선은 지금보다 더 나은 내일을 보장 받기 위함이다.

계획을 수립할 때 더 중요한 게 있다. 내 삶의 주도권을 내가 쥐고 있다는 심리적 안정감이 우선시 되어야 한다. 내가 가진 것 이상의 지출을 자제하는 것도 필요하고, 재정 감각과 지식을 키워나가는 것도 중요한 일이 될 수 있다. 그러할 때 돈의 스트레스는 점차 줄어들게 될 것이다.

금융 까막눈에서 벗어나기

눈을 뜨는 순간부터 모든 게 돈과 연결된다. 한 발짝이라도 움직이려면 에너지가 필요하다. 그 에너지의 원천은 어디에서 나오는 것일까. 돈이 있어야 에너지의 공급원을 제공할 수 있다.

그래서 어릴 때부터 유치원에서 글을 익히듯이, 그때부터 돈의 중요성을 일깨워 줘야 한다. 글을 익히는 것도 결국 돈을 버는 수단을 만드는 과정이다.

미국의 경제학자 그린스펀은 말했다. "글자를 모르면 단지 생활이 불편하다. 그러나 금융 문제를 모르면 생존마저 위태롭게 한다." 그는 미국 연방 준비제도 의장을 역임한 금융 관련 전문가이다. 금융 까막눈으로는 한 발짝이라도 움직이기 어렵다는 얘기다.

그렇기 때문에 아이 이름으로 통장을 만들어 주고 수입과 지출의 개념을 익혀 몸에 배도록 해야 한다. 자연스럽게 몸에 배면 그쪽으로 관심을 갖게 된다. 금융 정보도 쉽게 받아들일 수 있다. 금융 정보는 매일 수 없이 쏟아진다.

신문, 방송, 관련 서적 등 종류도 많고 내용도 복잡하고 전문가마다 많은 의견을 내보낸다. 기본 개념을 몸에 익힌 아이와 그렇지 않은 아이의 태도는 확연히 달라진다. 기본기가 되어 있는 아이는 정보의 홍수 속에서도 취사선택할 수 있는 능력이 있다.

내 것으로 활용도 한다. 그렇지 못한 아이는 관심조차 없게 된다. 정보 자체가 두렵다. 게임이라든지 못된 버릇 이외는 잡을 수 있는 게 없을지도 모른다. 이러한 것들이 쉽게 이루어지는 것은 아니다.

금융 문제는 어릴 때부터 자연스럽게 몸에 스며들도록 생활화하는 게 중요하다. 그렇게 돈의 중요성을 알고 돈을 관리해서 얻는 기쁨을 경험하게 되면 돈의 굴레에서 벗어나 경제적 자유를 마음껏 누릴 수 있게 된다.

건강관리
건강을 잃으면 다 잃는다 -

사람은 누구나 무병장수하기를 바란다. 그러나 세상에는 건강하여 행복한 사람도 많지만 그렇지 못해 고생하는 사람도 많다. 그 차이는 어디에서 오는 것일까. 최근 넘쳐나는 정보화는 대체적으로 흥미 위주이거나 잡다하게 나열되어 있는 게 대부분이다.

그런 것에 너무 현혹되지 말고 나 자신에 맞는 건강 계획을 수립해야 한다. 건강 없이는 그 어느 것도 할 수 없기 때문이다.

자신의 건강에 가장 중요한 것부터, 또 가장 적은 노력으로 많은 효과를 가질 수 있는 것부터 계획에 포함해야 한다.

제대로 알고 꾸준히 실행하는 게 확실한 해결책이 될 수 있다. 건강의 핵심은 어떠한 비결보다 일반 원칙이 앞서야 한다. 건강의 기본은 올바른 식생활과 꾸준한 운동 그리고 안정적인 마음을 들 수 있다.

이러한 것들은 예방의학에 속하는 사항이다. 이제는 병이 나기 전에 미리미리 챙기는 예방적 차원의 치유가 더 중요시되고 있는 현실이다.

그래서 건강관리 계획을 수립해서 이를 시행하는 데 전념하는 것이 무엇보다 중요한 일이다.

늘 젊음을 유지하는 것도 능력이다

건강에 대해서는 무엇보다 계획과 실천이 힘이라는 생각이 든다. 그것을 맘껏 활용할 때 젊게 보이고, 젊게 느끼고, 실제로 더 젊어지기 시작할 수 있기 때문이다. 그럴 경우 내 인생 5개년 계획이라든지, 어떤 결심이 필요한지를 깨닫고, 이를 시행하는 데 전념하는 것이 중요하다.

우리의 평균 수명은 계속 늘어나는 추세에 있다. 너나 할 것 없이 늙은 나이까지도 살 수 있는 현실이 되었다. 노화를 늦추고 더 젊게 만드는 진정으로 위대한 힘은 바로 내 손 안에 있다. 매스컴에서나 관련 서적에서 홍수처럼 쏟아지는 정보를 보면 돈 들이지 않고도, 큰 힘 들이지 않고도 할 수 있는 일들이 너무나 많다. 모르는 바 아니다. 알고는 있으나 지속적인 실천 계획이 없다는데 문제가 있다.

성공과 실패는 자기의 선택을 엄격히 유지하는가의 여부에 달려 있다. 매일 하루도 빠짐없이 비가 오나 눈이 오나 전념하기란 쉬운 일은 아니다. 그러나 그렇게 되도록 노력해 봐야 할 일이다. 그것이 생활화되면 저절로 그렇게 이루어진다. 건강한 삶을 계속 유지하려면 그렇게 해야 한다. 목표를 설정하고 현실성 있는 추진 계획을 세우면 가능한 일이다.

　가다가 힘이 부치더라도 포기하는 일은 없어야 한다. 그것은 전적으로 나 자신의 선택에 달려 있다. 의지의 문제다.

　오늘부터라도 건강 계획을 포함한 내 인생의 계획을 세우고 시작을 해 보자. 그리고 계속하면 되는 일이다. 마음을 굳게 가지면 안 되는 일이 없다. 그렇게 생활화되면 활력이 솟고 매사가 즐거움에 휩싸이게 된다.

정신 건강 다스리기

　요즘은 정신 건강이 신체적 건강만큼이나 중요시 되었다. 지친 마음을 명상 다스리기로 활기찬 생활을 하는 이들도 볼 수 있다. 행정사 사무실에 들른 고객이 그러한 경우다.

　몇 년 전, 약 1년간 무료로 행정사 업무를 해 본 적이 있었다. 주 업무는 부동산 업무였고 공인중개사 사무실 한편에 서비스 차원으로 행정사 업무를 봤었다. 그때 들른 고객이 토지 임대차에 대한 분쟁 때문에 내용 증명을 보낼 일이 있다고 했다.

　자신의 힘으로는 어렵다고 대신해 줄 수 있느냐는 것이다. 별로 어려운 일이 아니라 수수료 없이 해 주기로 했다. 그 일을 계기로 몇 번 사무실에 들르기도 하고 삶의 얘기도 오가게 되었다. 그는 뇌졸중으로 반신 불수 상태에서 몇 년간 고생을 했다고 한다.

매일 힘든 재활 치료로 지금은 많이 좋아졌다며 밝은 표정이다. 재활 치료 이외는 매일 명상하며 마음 다스리기에 주력하고 있다고 했다. 명 상으로 마음 다스리기를 생활화하게 된 후로는 몰라보게 인생관이 달 라졌다는 것이다.

처음에 절뚝거리며 다닐 때는 심적 부담이 매우 컸던 모양이다. 마음 다스리기에 심취하다 보니 자연스럽게 체면이나 허울을 벗어버리게 되 었다는 것이다. 그의 이론에 의하면 산이나 사찰 같은 조용한 곳이 아니 더라도 얼마든지 명상이 가능하다는 거다.

처음 명상을 시작할 때는 자리에 앉아 호흡만으로 나를 들여다보는 연습을 했다고 한다. 그러다가 책자를 보고 더욱 체계화하기에 이르렀 다. 매일 아침 일어나자마자 10분 내외로 명상을 하고 낮에도 그렇게 한다는 것이다.

그가 터득하고 주장하는 내용이나 심리학자들이 말하는 내용의 주 요 요지는 이러하다. 우선 허리를 곧게 세우고 바른 자세를 취한다. 숨 을 내쉴 때는 입으로 길게 내쉬라고 한다. 단전을 등허리까지 붙인다고 느낄 정도로 내쉬어야 한다.

들이쉴 때는 코로 짧게 들이쉰다. 가슴으로 하는 흉식호흡이 아니라 배의 힘으로 하는 복식호흡이다. 이렇게 조금씩 하다 더 관심이 생기면 도움이 되는 방법이 있다. 국가에서 운영하는 곳을 이용해서 지도를 받 아 볼 수도 있다.

강원도를 비롯하여 국립 치유의 숲이 각 권역별로 전국에 20군데 정도가 있다. 산림 치유 프로그램을 다양하게 갖추고 있다. 또한 경북 영주에는 국립 산림 치유원이 있다. 국민 건강을 위해 조성된 산림 복지 단지이다. 명상 다스리기를 찾는 이들 사이에 인기가 높다고 한다.

이용 방법은 해당 기관에 전화 문의를 하거나 홈페이지를 직접 활용하면 가능하다. 그 외에도 국가가 운영하는 숲체원이 여럿 있고 민간 업체에서 명상 프로그램을 운영하는 곳도 더러 생겼다.

정신 건강 다스리기로 나 자신의 기본을 다듬어야 한다. 그러할 때 내 몸과 마음은 활기찬 상태로 만들어지게 된다. 몸과 마음이 튼튼하다면 이 세상에 못 할 게 뭐가 있겠는가. 내 인생 계획도, 실행도 즐거움 속에 이루어지게 될 것이다.

건강한 생활 계속 유지하기

내 인생, 지금 와서 뒤돌아보면 후회스러움도 많지만, 그래도 남은 게 있다면 언제나 평온한 마음이다. 좋게 보자면 긍정적 삶이겠고, 달리 보면 진취적이지 못하고 어리석은 삶이 될 수 있겠다.

그래서일까. 잔병치레 없이 지금에 이르고 있다. 깊이 감사해야 할 일이다. 건강을 위해 달리하는 것은 없으나 요즘 염두에 두는 것은 있다. '마운식호'다. 내가 만들어 활용하고 있는 사자성어랄 수 있다.

마음. 운동, 식습관, 호흡의 앞 글자를 딴 것이다. 즉 미숙한 마음, 부족한 운동, 잘못된 식습관, 얕은 호흡을 관리하자는 뜻이다. 그중 제일로 치는 게 마음의 문제다. 모든 것의 근본은 마음가짐에 있기 때문이다.

생각만으로는 흐트러질 염려가 있으므로 그것을 묶어두기 위해서는 코뚜레를 하듯 엮을 필요가 있다. 그게 바로 나만의 사자성어 활용 가치다. 그나저나 100세 시대가 눈앞에 다가왔다. 건강하게 100세 시대를 맞이하고픈 바람은 모든 사람의 목표라 할 수 있다.

하지만 현실은 만만치 않다. 기대 수명도 중요하지만 그보다 더 중요한 것은 건강 수명이다. 기대 수명과 건강 수명의 숫자 차이에서 보면 거의 10년 정도의 차이가 난다. 그 기간을 질병이나 부상 등으로 살게 될지도 모른다는 얘기다.

보건 당국에서는 21세기 보건 정책의 기본 목표를 삶의 질적 향상과 국민의 건강 수명 연장에 두고 있다고 했다. 그에 발맞춰 개인은 개인으로서의 건강관리 기본 목표와 실천 계획을 세워야 한다.

그 어느 누구도 대신할 수 없는 필수 항목이기 때문이다. 건강이 뒷받침되지 않는다면 내 인생의 계획도, 다른 아무것도 할 수 없다.

면역력을 강화하는 능력

흔히들 면역력이 강해야 질병에 걸리지 않는다고 한다. 질병에 걸리지 않는 것처럼 좋은 일이 또 어디에 있을까. 충분히 쉬었는데도 몸이 개운치 않고 온종일 피곤하다면 면역력 저하를 의심해 볼 필요가 있다고 한다.

의학자들의 한결같은 의견은 수많은 질병의 원인은 잘못된 생활 습관으로 인한 면역력 저하라고 한다. 잘못된 생활 습관으로 인해 몸 이곳저곳에 이상이 생기면 면역력이 떨어진다는 것이다. 우리네 신체 중 어느 한 부분이라도 면역력이 미치지 않는 곳이 없다고 한다.

지난해에는 옛날에 같이 근무했던 동료가 세상을 달리 했다는 통지가 있었다. 그렇게 신체 건강하고 부지런했던 동료였는데, 암을 이겨내지 못하고 운명을 달리한 것이다. 참으로 안타까운 일이 아닐 수 없다.

그러한 것을 볼 때 생각해야 할 일이 있다. 모든 것에 완벽하게 건강하고 힘이 넘쳐 나더라도 어느 한곳에 틈이 생기면 큰일이 날 수 있다는 것이다.

몸 전체를 볼 때는 건강한 부분을 더 이상 강하게 하는 것은 문제가 아니다. 그보다는 부족한 부분이 어느 부분인가를 살펴봐야 할 일이다.

정신 의학계의 권위자 이시형 박사는 언론사와의 인터뷰에서 말했다. 우리 생활 전부가 면역 요법 대상이라고 했다. 무심코 하는 작은 생활 습관 하나가 면역을 강화시키기도 하고, 감소시키기도 한다. 이젠 병이 나서 치료하는 시대가 아닌 예방적 치유의 시대라는 것이다.

또한 면역력의 70%는 장에서 나오고 30%는 정신 상태에서 나온다
고 했다.

건강하고 활력 있게 살려면 어떻게 해야 할까. 바로 면역력 강화라
할 수 있다. 건강한 면역력을 형성하려면 무엇보다 건강한 마음을 가져
야 한다. 밝고 긍정적인 마음이 튼튼한 면역력을 만들어 내는 원동력이
기 때문이다. 생활 습관을 올바르게 하고 긍정적 마음으로 나의 삶을 이
끌어 가야 할 일이다.

노후 대비
노후는 젊을 때 준비하는 것이다 - ——

최근 20년 사이 평균 수명이 10년 가까이 늘어났다고 한다. 앞으로 의료 기술이 발달하면 그 기간은 더 늘어날 수 있다. 이렇게 늘어난 기대 수명으로 인해 은퇴 이후 30년간 노후 생활을 해야 한다는 뜻이다.

오래 사는 사회에서 노후를 편안하게 보내고 싶다면 노후 설계가 반드시 필요하다. 은퇴 이후 가장 중요한 것은 무엇보다 소득 보장을 확보하는 것이다. 그에 대한 노후 설계는 목표를 구체화해야 한다.

그리고 숫자로 계획하되 현실적이어야 한다. 항상 젊다는 생각은 버려야 한다. 철저하게 본인 위주의 노후여야 한다. 그러니까 너무 막연하거나 허황된 목표는 곤란하다. 이처럼 노후 설계는 대단히 중요한 일임에도 고령화가 먼 얘기로 들릴 수도 있다.

그러나 멀게만 느껴지는 미래도 어느 사이엔가 곧 오늘이 됨을 알아야 한다. 오늘의 대비가 훗날 축복으로 다가올지, 아니면 고달픔으로 다가올지를 판가름하게 된다. 그것은 오늘의 노후 설계에 있음을 깊이 인식해야 한다.

지금 시대의 노후는 당신의 부모와 다르다

산림청에 근무할 때 모범 공무원으로 선정된 바 있었다. 국무총리 표창과 부상을 받았다. 그리고 행정안전부 주관 아래 각 부처 포상자와 함께 국내 선진지 견학을 가게 되었다. 부부 동반 3박 4일 일정이었다.

그 즐거움 중에도 매일 걱정스러워 하는 일행이 한 분 있었다. 그는 부모님을 모시고 어렵게 생활하고 있다고 했다. 모친은 치매를 앓고 있고 부친도 거동이 우둔한 편이라 마음이 놓이질 않는다고 했다. 하는 수 없이 일행들보다 먼저 귀가하게 된 안타까운 사연이었다.

정말 효심이 대단한 사람이다. 어려운 살림에 부모님과 아이들 모두 함께 도시 생활을 한다는 게 그리 쉬운 일은 아니었을 것이다. 그렇게 3대가 한 집에서 정겹게 살았으면 하는 게 희망 사항일 뿐 현실은 녹록치 않은 게 문제다.

농경 사회도 아닌 핵가족화 된 현실에서 기다리고 있는 것은 과연 무엇일까. 지금 시대의 노후는 당신의 부모와는 다르다는 엄연한 사실이 있을지도 모른다. 더더구나 정말 오래 살게 되었다는 것이다.

중요한 것은 오래 산다는 사실보다 늘어난 수명이 우리 인생을 어떻게 바꿀 것인가이다. 이제는 얼마나 살 것인지 보다 어떻게 살 것인지를 고민해야 할 때가 되었다. 그래서 각자의 삶이 있고 최소한의 기초 생활비가 필요한 세월이 되었다.

각자의 인생을 책임져야 할 준비를 미리 차근차근 해야만 한다. 항상 젊음이 있는 것은 아니다. 늘어난 내 인생을 위해서다. 젊은 시절부터 착실하게 준비를 해야 하는 이유다. 2중 3중으로 대비할 때, 내 인생의 먼 훗날을 보장 받을 수 있다.

그냥 찾아오는 행복은 없다. 노후는 내가 원하지 않아도 반드시 찾아온다. 내가 원하는 인생을 살려면 꼭 먼 훗날을 대비를 해야 한다. 절대 잊지 말아야 할 철칙이다.

노후 대비는 빠를수록 좋다

사람이 살아가는 데는 젊어서나 늙어서나 꼭 필요한 게 있다. 그것은 건강, 돈, 직업일 것이다. 젊어서는 열심히만 하면 어느 정도 건강이 뒷받침될 수도 있다. 그러나 나이가 든 이후라면 그렇지 않다는 데 심각한 문제가 될 수 있다.

미리미리 노후 설계를 해두지 않으면 고달프고 힘든 노후 인생이 기다리고 있을 뿐이다. 지금의 상황도 어려운데, 또는 어떻게 되겠지 하는 안일한 생각은 위험하기 짝이 없는 일이다. 그때 가서는 국가도, 자식도, 친지도, 해결해 줄 수 없는 지경에 이를 수도 있다.

나 아니면 어느 누구도 대신 할 수 없는 사회 시스템으로 변해 가고 있다. 그러한 사실은 일찍 깨달아야 한다. 항상 건강하고 젊음을 유지할 것 같지만 절대 그게 아니다.

건강보험 평가원 통계에 보면 알 수 있듯이, 70대 이후는 한국인 전체 평균 의료비의 4배 수준이라고 했다. 급격히 체력이 저하됨을 알 수 있다. 건강하지 않은 상태에서 노후 설계도 없이 오래 산다는 것은 큰 재앙이 될 수도 있다.

후회할 때는 이미 늦은 꼴이 되고 만다. 그때 가서 누구를 잡고 하소연할 것인가. 긴 여정을 한탄만 하고 있을 수 없는 노릇이다. 먼저 내 처지에 맞는 노후 설계를 미리 해야 한다. 빠르면 빠를수록 좋다.

편안한 노후를 위해 우선 생각해 볼 수 있는 것이 노후 방해 요소다. 그것을 제거해야 된다. 빠져나가는 돈을 잡아야 한다. 빠져나가는 돈을 잡기만 해도 그것으로 어느 정도 노후 준비에 도움이 된다.

체면치레용으로는 돈을 쓸 필요가 없다. 허세를 부릴 여유가 없기 때문이다. 새나가는 돈이 거의 없을 지경에 이르면 지출 내역을 다시 재조정할 필요가 있다. 노후 준비를 위해서는 이 길 밖에 없다. 허리띠 졸라매고 훗날을 기약해야 한다.

장수 리스크 해답은 있다

아파트에 살고 있는 할머니 한 분이 단독 주택을 팔아 달라고 사무실에 가끔 들르곤 했다. 집도 허름하고, 마당도 없고, 가격이 맞지 않아, 거래 성사는 잘 되지 않았다. 그래도 행여나 하는 마음으로 몇 번이나 들렀다.

들를 때마다 이런저런 잡다한 얘기가 많았다. 끝까지 얘기를 잘 들어주니 그게 고마웠던지 푸념까지 늘어놓을 때가 있다. 6남매를 두었는데 다 장성하여 객지에서 잘 살고 있다고 했다. 몇 개월 전 병치레를 하던 남편이 돌아가신 후 혼자 지내고 있다고 한다.

밥을 해 먹기도 싫고, 귀찮을 때가 한두 번이 아니라는 것이다. 80세를 바라보는 나이에 자식이 6명이나 된들 무슨 소용이 있냐고 했다. 마음 편히 갈 처지가 못 되는 세월이 원망스럽다고 한다.

그동안 모아둔 돈은 자식들이 이 핑계 저 핑계로 조금씩 들고 나가고 남은 게 없다는 것이다. 지금은 단독 주택 하나 하고, 살고 있는 아파트가 전부라고 했다. 그마저도 상속등기 이전할 때 기분을 언짢게 해서 속이 많이 상했다고 한다.

내 뜻대로 이전 등기가 가능하리라 믿었다. 그런데 자식들 어느 누구 하나 상속 지분을 포기하려는 사람이 없다고 했다. 어찌 그럴 수가 있느냐는 것이다. 그럴 줄 알았더라면 남편 생전에 미리 본인 앞으로 증여 등기를 했어야 하는 건데, 그걸 미처 몰랐다고 한다.

얘기를 들을 때마다 어찌 할 수 없는 현실을 보는 듯 마음이 안쓰러웠다. 이러한 일들이 흔히 말하는 장수 리스크가 아닐까 싶다. 기대 수명은 늘어나고 있다. 그러나 그에 맞는 준비는 부족해 생길 수 있는 위험은 곳곳에 도사리고 있다.

준비 없이 오래 산다는 것은 참으로 위험한 일이다. 어느 날 갑자기 예고 없이 닥쳐오는 변화, 당황할 수밖에 없다. 모든 문제에는 반드시 길이 있다. 그래서 노후 설계를 미리미리 해야 하는 것이다.

방심은 금물이다

속담에 "두부 먹다가 이 다친다"는 말이 있다. 아무리 부드러운 두부일지라도 방심하게 되면 치아를 다칠 수 있다는 의미다. 일상생활에서 일어나는 크고 작은 사고들은 늘 하던 일이라 대수롭지 않게 생각하는, 그런 틈에서 발생하는 경우가 많다.

잠깐의 방심으로 얻는 대가는 참으로 가혹하다. 뒤늦게 후회하는 일이 없도록 세심한 주의가 요구된다. 다 된 일에 방심하다가 일을 그르치는 일이 있을 수 있다.

그러한 일은 스포츠 경기에서도 보게 되는 경우가 있다. 몇 달 전 농구 경기장에 간 적이 있었다. 원주에는 동부 프로미 농구팀이 있다. 가족과 함께 원주종합체육관에 들렀다. 응원 함성에 삑삑대는 호루라기 소리가 완전 체육관 분위기 그 자체다. 야구장이나 축구장과는 확연히 다른 느낌이다.

실내 체육관이라 관중이고 선수가 한눈에 확 들어온다. 경기 특성상 구기 종목 가운데서도 특히 득점이 많고 득점 이후 곧바로 공수가 전환

되어 흥미가 있다. 득점 직후 세레모니나 재정비 시간도 없이 경기가 속전속결로 진행된다. 이렇게 속도감 넘치는 플레이를 좋아하기 때문에 팬들이 많은가 보다.

시합은 절정에 이르고 종료 몇 초전 슛이 터지자 야단법석이 났다. 그 순간만은 선수는 선수대로, 관중은 관중대로 일체가 되어 푹 빠지는 수밖에 없다. 함성은 절정에 이르고 휘슬이 종료를 알렸다. 최후의 몇 초까지 올인 하는 자만이 승리자가 될 수 있다. 그것을 보여주는 생생한 현장의 모습이다.

우리네 인생살이에서도 이와 다를 바 없다. 방심은 금물이다. 느슨함에 젖어 마음을 다잡지 못한다면, 그동안 이루어 놓은 성과가 물거품이 되고 마는 경우를 볼 수 있게 된다. 매사에 관리가 요구되는 사항이다. 방심하다 보면 호미로 막을 일을 가래로도 막지 못하는 일을 당하게 될 수도 있다.

내 인생 계획도 하다 보면 어떻게 되겠지. 어쩌다 이런 허튼 생각을 가질지도 모를 일이다. 그러나 그게 아니다. 먼 훗날이라고 생각했던 일들이 어느 사이엔가 눈앞에 닥치게 될 수도 있다. 미리미리 대비해야 한다. 대책 없는 방심은 금물이다.

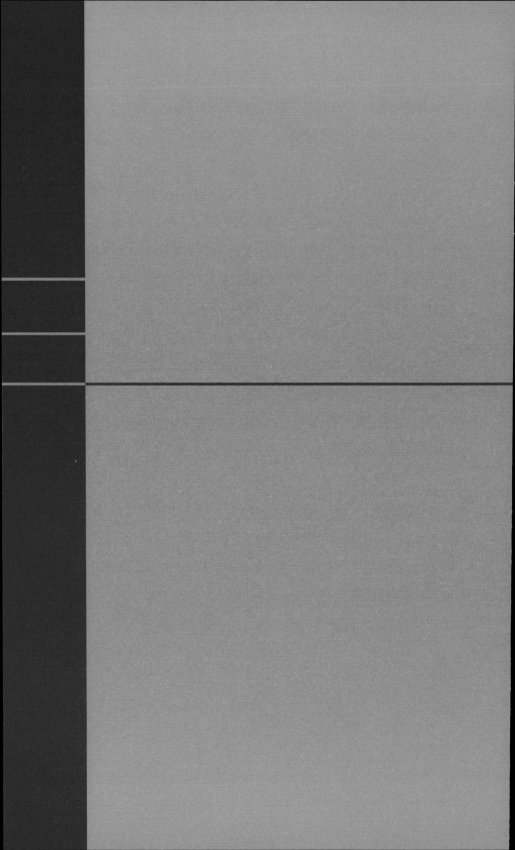

어떻게
계획하고
성공할 것인가

인생 계획표의
기본 원칙

이제 구체적인 실천 계획을 세워 보자. 시작해 보면 그렇게 어려울 게 없다. 제1장과 제2장에서 읽어보며 느꼈던 생각들을 글로 정리하면 된다. 거기에다 기본 원칙을 가미하면 더욱 실속 있고 알찬 계획 수립이 될 수 있다.

기본 원칙을 보자면 우선 구상했던 생각들을 달성 가능하도록 정리해야 한다. 내 인생 전반에 미치는 영향이 크기 때문이다. 목표는 말 그대로 미래 계획을 반영하는 것이다. 그 목표에 도달할 수 있는 계획을 세움으로써 자신의 인생을 가늠해 볼 수 있다.

달성이 어려울 정도로 불합리하게 짜여진다면 헛된 시간을 낭비할 뿐만 아니라 남은 인생에 부정적 영향을 미칠 수도 있다. 따라서 구체적이어야 한다. 구체적이 아닐 경우 사업 진척이 애매하게 된다. 그로 인해 지연되는 잘못을 저지르게 될지도 모른다.

또한 추진 일정을 수치로 반영해야 한다. 언제부터 어느 때까지 무엇을 하고 언제까지 끝내고 등을 검토해야 한다. 이러한 모든 것을 종합하여 내 인생을 위한 5개년 계획을 세우면 되는 일이다.

계획 수립의 핵심 4단계

우리는 어떤 일을 시도할 때 그것이 크든 작든 계획을 생각하게 된다. 그러나 계획이라면 거창하게 생각하는 데서 문제 발생의 소지가 있다. 결코 거창한 것이 아니다. 예를 들면 '나는 그냥 편하게 살다 가겠다'라고 막연하게 생각하는 사람도 있을 수 있다.

그렇다면 그러한 생각 자체가 바로 계획 수립의 착상이 될 수 있는 것이다. '그렇게 살고 싶다'에 대해 좀 더 구체적으로 한번 생각해 보자는 의미이다. 그러한 행위들을 현실성 있게 나열해 나가는 과정을 거치면 그게 또한 계획 수립이 되는 것이다.

계획 수립은 결코 거창한 것이 아님을 알고 접근해 볼 필요가 있다. 그렇듯이 계획 수립의 핵심 4단계라는 것 역시 그렇다. 어떻게 계획을 도출해 내든, 일정한 틀이 있는 것도 아니다. 단지 이러한 형태도 있다는 견지에서 보면 된다.

각자 나름대로 계획을 도출해 내는 게 가장 중요한 포인트다. 자기 분수에 맞는 계획을 구상해 보면 아무 어려움이 없다. 그러한 의미에서 다음에 열거하는 계획 수립 과정을 거쳐 내 인생을 위한 계획을 설계해 볼 수 있다.

1단계 : 착상

나는 할 수 있다는 자신감으로 무엇에 대해 계획할 것인가를 찾아야 한다. 왜 계획을 수립하는지. 그 절박감이 있어야 한다. 나는 누구인가. 어디로 가고 있는가. 이러한 것을 생각해 볼 때다. 특별히 자신 있는 일이거나, 언젠가 꼭 이루고 싶었던 주제 등을 찾는 과정이다. 그동안 수집했던 모든 자료들을 분석하여, 막연한 주제 의식을 확고한 나의 주제로 만들어야 한다.

2단계 : 구상

제 2장에서 열거한 '내 인생을 몇 년 계획의 대상으로 할 것인가'의 주제를 가지고 1단계에서 구상했던 것과 함께 어떤 방향으로 나아갈지를 보게 된다. 자신의 특성을 깨닫고 추구하는 가치에 따라 자기답게 살아야 한다는 것이다. 주제가 분명해지기 시작하고 그 주제에 대해 생각이 정립되는 때가 이때다. 이때를 놓치지 말고 무엇을 어떻게 해야 될지 구체적으로 생각해야 한다.

3단계 : 연구

목표 설정의 구상이 되었다면 확정된 주제를 어떤 내용으로 끌고 갈 것인가를 생각해 볼 수 있다. 세부적인 연구로 들어가는 단계다. 제3장에서 언급되는 '어떻게 내 인생의 계획을 세울 것인가'의 테마를 심도 있고 깊이 있게 살펴봐야 한다.

4단계 : 계획 수립

본격적으로 계획서 작성에 들어가는 과정이다. 세부적인 계획서 구성, 작성 지침까지가 이 단계에서 할 일이다. 그리하여 실행 일정까지도 구체화되어야 한다. 곧바로 실행할 수 있는 모든 절차가 다 이루어져야 한다.

그래서 실행 단계에 들어서면 제4장에서 언급한 대로 실행 모드로 진입해야 한다. 한번 했다 하면 절대 포기하는 일 없이 끝까지 가야 한다. 가다가 어려움이 닥치더라도 시간을 지배하는 자가 되어야 한다. 또한 심리적 장애물을 뛰어넘는 지혜를 발휘해야 된다.

인생 계획표의 실천 성공 사례

계획을 구상한다는 것은 성공한 나 자신을 보기 위함이다. 목표 설정과 계획은 내 인생에서 꼭 이루어 내야 할 삶의 지표다. 더 나은 삶을 위한 나만의 생활 철학이라고도 할 수 있다. 지금부터 5년 후를 위해 준비하고 실행해 보라.

지금과는 전혀 다른 미래를 맞이하게 된다. 그렇게 하여 성공으로 이끌어낸 위대한 인물이 있다. 빈털터리 실업자 신세에서 일약 백만장자가 된 미국의 마크 앨런 얘기다. 그의 성공 과정을 한번 보기로 하자.

그는 허름하고 작은 원룸형 아파트에서 서른 번째 생일을 맞이하게 되었다. 월세를 걱정해야 하는 무일푼의 신세였다. 그는 다음 달을 어떻게 맞이해야 할까. 고민할 정도였다. 그만큼 생활이 궁핍하고 희망도 없었다. 그러했던 그가 어떻게 성공할 수 있었던 것일까.

생일을 맞이한 그는 무기력하고 비전 없는 자신의 미래에 큰 충격을 받았다. 그래서 굳은 결심을 하게 된다.

그는 자기에게 주어진 남은 인생을 이렇게 신세 한탄만 하면서 보낼 수는 없다고 뼈저린 절박감을 느꼈다. 밑바닥 인생이라고 해서 평생 이렇게 살라는 법은 없다. 그는 이처럼 절박감으로 무장하게 된 것이다.

5년 후 되고 싶은 그의 모습을 상상하고 몰두했다. 그의 생각대로 모든 일을 추진하게 된다면 5년 후 인생은 어떻게 될까. 스스로 자문해 보았다. '5년 후 나는 무엇을 하고 있을까.' '5년 후 나는 어떤 사람이 되어 있을까.' '5년 후 나는 무엇을 가지고 있을까.'

그는 자기가 바라는 5년 후 미래를 구체적으로 상상하기 시작했다. 출판사를 차리고 책을 쓰고 시간이 나면 음악 공부를 해야지. 그는 매일 5년 후 성공한 자신을 계속해서 떠올렸다. 그리고는 머릿속에 상상한 것을 글로 옮겨 적었다.

구체적인 주요 목표들을 하나씩 써 내려갔다. 그렇게 설정된 목표들을 실천하기 위한 계획을 세웠던 것이다. 주요 목표들마다 계획서를 작성하고 시간이 날 때마다 이 내용들을 살펴봤다. 시간이 지나면서 새롭게 추가 수정 보완하는 식으로 내용을 구체화하였다.

그렇게 계획을 세운 그는 작은 아파트 부엌에서 소자본으로, 소량의 책자를 만들어 내면서 출판 일을 시작했다. 미친 듯이 일을 했고, 미친 듯이 글을 썼고, 이루고자 하는 일을 위해 쉬지 않고 뛰어다녔다. 오직 그 일에만 매달렸다.

조금씩 희망이 보이기 시작했다. 그러나 그에 만족하지 않고 계속 5개년 계획을 5년 주기로 더 발전시켜 나갔던 것이다. 그의 잠재의식에 각인된 성공 비전을 통해 놀라운 창조적 결과를 쌓아올렸다. 피나는 노력 끝에 드디어 꿈은 현실이 되어 나타났다.

캘리포니아에 뉴올드라이브라는 고층 건물의 소유자가 되었다. 또한 미국 출판계를 선도하는 출판사로 자리 잡았다. 그로인해 백만장자 대열에 오르게 되었다.

또한 그가 낸 책으로는 《백만장자 코스》, 《CEO의 꿈이 필요하다》, 《통찰력 있는 삶》 등이 있다. 그를 계기로 그의 성공담을 전하는 강연도 하게 되고, 세미나 진행자로도 큰 인기를 얻게 되었다. 참으로 대단한 열정과 꿈의 소유자다.

5개년 계획으로 꾸준하고 끈기 있게 한다면 꿈을 현실로 이루어 낼 수 있다는 것을 보여준 살아 있는 교훈이다. 그렇듯이 현실에만 급급한 채 5년 후 나의 모습을 그려 보지 않고 그냥 지낼 수는 없는 일이다.

지금 상황이 어려우면 어려울수록 대책을 세워서 꿋꿋하게 일어서야 한다. 그리고는 내가 이루고자 하는 그 일에 내 모든 에너지를 집중시켜야 한다. 어떤 일이든 굳은 의지로 맞선다면 나 자신의 잠재의식은 꿈을 향해 강렬히 작용하게 된다.

절박한 이유 찾아내기

여기서 더 이상 물러설 곳이 없다. 내 스스로를 몰아붙이는 힘, 그것은 절박감에서 나온다. 절박감이 있다면 오직 그 일에만 매달리는 힘이 생긴다. 못할 게 없다. 그 유명한 메기 효과 이론이 바로 그것이다.

정어리가 가득 담긴 수족관이 있다. 그곳에 천적인 메기 몇 마리를 넣으면 정어리들이 모두 잡아먹힐지 모른다고 생각할 수도 있다. 그러나 그게 아니다. 오히려 생존을 위해 꾸준히 움직여 항구에 도착할 때까지 정어리가 살아남게 된다는 것이다.

인생살이에서도 다를 바 없다. 절박감을 느낄 수 있는 생활환경을 만들어 보자는 거다. 절박한 사람은 이것저것 생각하고 망설일 겨를이 없다. 바로 그 시간에 뭔가를 하게 된다. 물론 절박감 없이 편하게 갈 수 있다면 그게 좋은 게 아니냐고 반문할 수도 있다.

편한 상태가 오래 지속된다면 긴장감이 사라지고 게으름에 사로잡히게 된다. 즉 수족관에 정어리만 가득 있고 천적인 메기가 없다면 어떻게 될까. 그때는 오히려 점점 무기력해지고 활력을 잃게 되고 만다. 항구에 도착했을 땐 정어리가 이미 죽어 있게 되었다는 것이다.

바로 이것이다. 사람들이 경쟁 대상자도 없고 절박감이 없다면 변화할 생각은 없어지고 만다. 결국엔 발전해 보려는 노력 또한 무뎌질 것이다.

사실이 이러하다면 방법은 뚜렷이 드러나 있다. 절박감을 내 생활 전반에 내세워야 할 일이다. 뭔가를 이루려면 절박감 없이는 성과를 기대하기 어렵다. 진정한 절박감은 없는 운도 끌어당기게 한다.

아무리 희미한 에너지도 결집시키는 힘이 있다. 내가 이루고자 하는 일의 추진에 절박감을 더한다면 그 꿈은 반드시 이루어진다. 내가 진실로 간곡히 원하는 일이 있다면 온 마음을 다하여 내면에 초점을 맞춰야 한다.

인생 계획표의
목표 수립

내 인생, 이렇게 살아도 되는 것일까. 곰곰이 생각해 볼 때가 있다. 막연하나마 불안한 장래를 느낀 적이 있다면 지금 당장 해야 할 일이 있다. 목표를 설정하고 계획을 수립해 봐야 할 때가 된 것이다.

계획은 내 인생 항로의 시발점이다. 계획도 없이 길을 나서면 아무리 능력이 뛰어난 사람이라도 원하는 성과를 얻기는 어렵다. 그만큼 계획 수립은 내 인생에 있어 중요한 사항이 아닐 수 없다. 그렇다면 어떻게 해야 할까.

그러기 위해서는 외부 환경 변화와 내가 처한 현실에 대한 냉철한 분석을 바탕으로 이루어져야 한다. 내가 바라는 것과 현실의 차이를 분명히 하면, 그 차이가 바로 목표 달성을 위해 해결해야 할 과제가 되는 것이다.

그리고 수행할 과제가 명확해지면 그를 위한 다양한 방법을 모색하는 것이 필요하다. 그 길을 찾아나서 보자는 것이다. 목표를 달성하는 방법은 한 가지가 아닐 수 있다. 여러 가지 상황에 대한 예측을 통해 다양한 관점에서 대안을 찾는 것이 중요하다.

목표 설정이 왜 중요한가

사실 우리는 불안한 마음을 느끼고 살아갈 때가 있다. 나만 그런 게 아니다. 살아감에 있어 크고 작은 정도의 차이일 뿐 모두가 가질 수 있는 심리적 현상이다. 무언가를 멋지게 하고 싶은데 그게 안 된다. 그것은 할 수 있는 일과의 연결 고리가 없기 때문이다.

일에 다가서고 앞으로 나아갈 체계적이고 구체적 연결 고리를 만들어야 한다. 막연히 어떻게 해야겠다는 안일한 생각만으로는 따라잡을 수 없다. 더구나 뭉그적거리는 것은 더더욱 곤란하다. '내일부터 해야지'처럼 위험한 발상도 없다.

그렇다면 어떻게 해야 할까. 차분하게 마음을 가다듬어 볼 필요가 있다. 그리하여 구체적 연결 고리를 끌어낼 방안을 구상해야 한다. 연결 고리를 위해서는 목표 설정이 필요한 일이다.

목표 설정에 대해서는 주장하는 학자마다 차이가 있을 수 있다. 그렇게 다양하지만 결론은 한가지다. 본인에게 맞는 현실성 있고 구체적이어야 한다. 그럴 때 지금 내게 꼭 필요한 것과 필요 없는 것이 구분된다.

내가 설정한 목표와 거리가 있는 것은 과감히 배제토록 한다. 아울러

내 목표에 도움이 되는 일은 더욱더 집중적으로 해본다. 그것이 바로 일과의 연결 고리를 갖게 되는 일이다. 그렇게 한번 해보자는 거다.

목표를 향한 열정과 기백, 포기하지 않고 끝까지 실천하는 사람들, 그들의 공통점은 바로 이것이다. 다른 사람들이 핑계를 찾고 있을 때 '꼭 해야만 하는 나만의 연결 고리를 찾아냈다' 는 것이다.

누구나 계획하면 가능한 일이다

기회는 예고 없이 찾아온다. 그것을 바로 잡는 사람, 아깝게 놓치는 사람, 왔다는 사실조차 모르는 사람, 실로 다양하다. 기회라는 것은 순식간에 지나치기 때문에 다시 쫓아가서 잡을 수도 없다. 기회가 왔을 때 내 인생의 계획도 구상하고 목표도 설정해야 한다.

그러할 때 보다 나은 내일을 그릴 수 있다. 그러자면 먼저 현재를 바꿔 보려는 노력이 필요하다. 그렇게 할 때 밝은 미래가 보인다. 현재를 바꾼다는 것은 본인 의지에 달려 있는 마음의 문제다. 굳은 의지로 목표를 향해 일로매진할 때 꿈은 현실이 되어 나타난다. 그렇게 성공한 기업인이 있다. 무모하다 싶을 정도의 도전 정신으로 뭉쳐진 미국의 일론 머스크다.

그는 괴짜 천재, 혁신의 아이콘, 우주 탐사 기업 경영자, 이런 수식어가 붙을 정도의 노력파다. 그는 지난해 5월 미 항공우주국 소속 비행사 2명을 태운 유인 우주선을 쏘아 올리는 데 성공했다.

모두 미쳤다던 괴짜 기업인은 기어이 우주선을 쐈다. 지금까지 유인 우주선을 띄운 국가는 미국, 중국, 러시아 등 3개국에 불과하다. 정부가 아니라 민간 기업이 유인 우주선을 발사한 건 이번이 처음이다.

미국의 일론 머스크가 인류 우주 개발 역사를 다시 썼다. 그의 집념은 어디서 나오는 것일까. 그저 수월하게 이루어지는 것은 없다. 계획을 세우면서 꿈꾸고, 그 꿈을 이루고자 피나는 노력을 한 결과다. 준비된 자만이 이룰 수 있다는 것을 보여줬다. 열정적으로 일궈낸 그의 꿈은 현실이 되어 돌아왔다. 죽기 살기로 덤비면 못 이룰 게 없다는 산 증인이기도 하다.

노력을 이기는 재능은 없다고 했다. 이러한 것을 볼 때 내가 이루고자 하는 일, 그 계획이면 가능하다. 5년이면 충분하다. 마음의 문제다. 이제 나 자신의 결정만이 남아 있을 뿐이다,

목표 설정의 현실적 검토 및 작성하기

목표 설정은 변화의 출발점이다. 그런 관점에서 제2장 '무엇을 내 인생의 미래를 위한 계획의 대상으로 할 것인가'에 대하여 심도 있는 분석이 필요하다. 그렇게 하여 무엇으로 선택할 것인지를 검토하는 과정이 바로 목표 설정이 된다.

자기 계발, 학습 관리, 진로와 직업 선택, 재무 설계, 건강관리, 먼 훗날 대비 등에 대해 지난 5년간의 한 일과, 향후 5년간의 할 일을 살펴보면 된다.

분야별은 내가 검토할 사항을 기재하면 된다. 다음 표는 예시로 든 것이므로 그냥 참고로 하면 된다. 서식은 굳이 이런 행태가 아니더라도 관계없다. 이러한 과정 없이 자기 나름대로 목표를 설정할 수도 있다. 내가 편한 방법, 즉 취향대로 하면 된다. 다만 내가 진정으로 바랐던 일이 누락될 수도 있으니 어떤 형태로든 세밀하게 적어 가면서 해야 될 것이다.

각 분야별로 지난 몇 년간 한 일과 향후 몇 년간 할 일을 기재하면 과거 어떻게 살아왔는지가 보인다. 앞으로 몇 년은 무엇을 해야 할지가 한눈에 잡힌다. 내가 어디에 서 있고 어디로 가야 할지를 가늠해 볼 수 있다. 목표 설정이 한눈에 들어온다.

목표 설정 검토하기

분야별	지난 5년간 한 일	향후 5년간 할 일	채택여부	비고
자기 계발 자격증 ------ ------				
학습 관리 ------				
진로와 직업 선택 ------ ------				
재무 설계 내 집 마련 ------				
건강 관리 ------ ------				
먼 훗날 대비 ------				
취미 생활 ------ ------				
기타 ------				

목표 설정하기

검토한 내용을 기초로 목표를 설정하는 작업이 이루어지는 것이다. 내 앞날은 무한한 미지의 세계라는 걸 인식해야 한다. 어떤 방향으로 어떻게 가야 할지가 분명할 때, 내 인생의 존재 가치가 확연해지기 때문이다. 그래서 모든 사항이 검토할 대상이 될 수 있다.

그러기 위하여 내 인생 5개년 계획을 통하여 무엇을 얻고자 하는가, 어떻게 접근할 것인가. 이러한 것들의 기초 위에 제반 사항이 고려되어야 한다. 그러한 목표는 어디까지나 내가 나갈 방향을 제시하는 것이다.

주변 환경 변화로 수정할 수도 있다. 또한 더 추가할 일이 생길 수도 있다. 그러나 내가 나아가야 할 큰 틀은 일정해야 한다.

이렇게 제반 사항이 고려되었으면 앞장에서 열거한 목표 설정의 중요성을 감안하면 된다. 치밀하고도 현실성 있는 목표 설정을 기대해 볼 수 있다. 목표 설정은 내 삶의 성공 가능성을 검증하기 위한 계획이다. 또한 나아가고자 하는 인생 항로의 가이드라인이다.

인생 계획표의 실천 계획서 작성

내 인생에 대한 계획의 1차적 목표는 계획의 성공적인 실행이다. 그것을 위한 수단으로서 역할을 해야 한다. 어떠한 일이든 사전에 치밀하게 수립된 계획이 있어야 한다. 계획 없이 일을 시작하는 것은 미지의 목적지를 주먹구구식으로 떠나는 것과 같다. 더구나 긴 인생의 항로에서 그렇게 떠날 수는 없는 노릇이다.

미국의 동기 부여 연설가 레스 브라운은 이렇게 말했다.

"인생 항로를 무작정 출발해서는 안 된다. 목표가 무엇인지 먼저 명확하고 구체적으로 알아야 한다. 그것이 제2의 본성이 될 때까지 마음에 새기고 또 새겨라."

그는 어린 시절 저능아라는 판단을 받은 바 있었다. 그러나 개의치 않고 목표를 명확히 세우고 무모하다 싶을 정도로 끈기 있게 도전하여 꿈을 이룬 인물이다. 그러하듯이 무작정 출발해서는 곤란하다. 내 인생, 어떻게 펼쳐 나가야 할 것인지를 구체적으로 설계해야 한다.

어느 대상이든 그 계획의 목표는 보다 구체적이어야 하며, 그 목표의 달성 여부가 내 인생 미래의 성공 여부를 결정하는 관건이 된다. 풍요로운 내 삶을 위해 멋진 계획을 작성할 때가 바로 지금이다.

실천 계획서 작성의 수립 절차

수립 절차라고 해서 까다롭고 어렵다는 선입견은 버리는 게 바람직한 일이다. 인생은 처음부터 자신만의 것이기 때문에 어떻게 살아도 나 자신만을 위한 내 위주로 하면 된다. 어디까지나 실천 계획서는 자기 주도적이면 되는 것이기 때문이다. 내가 바라는 일은 어디 제출하는 것도 아니다.

규격화할 것도 아니다. 내가 처한 그대로를 좀 더 구체화하여 전진해 보자는 데 뜻이 있음을 인식하면 된다. 그러한 사항들을 좀 더 부드럽게 진행하기 위해서 필요한 사항들을 덧붙여 보면 되는 일이다.

우선 정신 무장을 단단히 해야 한다. 나 자신은 아직 젊음이 있다. 누가 뭐래도 신념과 기백이 넘친다. 지금 못할 게 없다. 내가 원하는 절박감이 무엇인지 챙겨보자. 그러자면 우선순위를 세워야 한다.

현실적인 목표를 세우고 그 목표를 달성하기 위해 어떤 단계를 밟아야 할지를 결정하는 것이다. 그리고 작은 것부터 시작해야 한다. 한꺼번에 너무 많은 것을 시도하지 않는 게 좋다. 쉬운 것부터 시작해서 어려운 것으로 옮겨 가면 진행이 부드럽게 된다.

내 인생의 미래를 위한 몇 년 계획은 장기 계획이다. 장기 계획을 세

세하게 월별로 작성된 단기 계획을 만들어서 꾸준히 공략해 가면 한결 수월해진다. 서서히 끓어오르는 열정을 한 데 모아 힘차게 앞으로 나아가면 장기 계획 역시 이룰 수 있다.

그렇게 하자면 절대 머뭇거리지 않아야 된다. 비록 미끄러져 넘어지는 한이 있더라도 계속 노력해야 한다. 내 인생 5개년 계획은 단거리 뜀뛰기가 아니다. 계속 전진하는 일, 그저 앞으로 전진만이 있을 뿐이다.

내 인생 계획을 마무리하면 그 결과가 크든 적든 끝까지 해냈다는 자체만으로도 보람 있는 일이 될 수 있다. 나 자신에게 대단한 자신감과 추진력이 있다는 것은 덤으로 얻게 된다.

일을 시작할 때 명심해야 할 것들

내가 일을 제대로 하고 있나? 잘 살고는 있는 것일까? 불안스럽다. 생각이 많아진다. 가끔은 이러한 내적 갈등과 번민에 사로잡힐 때가 있다. 때로는 자신의 행동을 정당화하며 그냥 시간을 허비하기도 할 것이다. 문제는 아무 생각 없이 하루를 보내는 사람들이다.

그래서는 곤란을 겪을 수도 있다. 시대적 요구에 적응할 수 있는 내공을 쌓아야 할 필요가 있다. 그리고는 내가 가고자 했던 그 길을 향해 일을 시작해야 한다. 일을 시작할 때는 무작정할 것이 아니라 성공한 사람들의 삶을 살펴볼 필요가 있다.

성공한 사람들의 경영 철학도 좋다. 목표 달성을 이루어낸 발자취 또한 좋다. 그러한 것을 본받자는 데 뜻이 있다.

미국의 대기업 아마존닷컴의 창업자 제프 베이조스는 "우리는 미쳤고, 그래서 성공했다"고 말했다. 그는 블룸버그 억만장자 지수에서 한때는 1위에 오른 적도 있다. 아마존의 창업자, 그는 혁신의 아이콘으로 불리어지고 있는 인물이다.

아마존은 신속한 무료 배송을 내세우면서 온라인 쇼핑의 절대 강자로 부상했다. 그의 성공 근원은 끊임없는 도전 정신에 있다고 한다. 도전 정신과 창의적인 혁신이야말로 우리가 본받아야 할 생활 철학이라고 할 수 있다.

그리고 목표 달성을 이루어낸 위인으로는 피터 드러커를 꼽을 수 있다. 그는 현대 경영학을 창시하고 체계적으로 수립한 경영학자이다. 그는 목표 달성을 위한 노력들을 점검하고 예상 밖의 성과에서 자신의 강점을 찾아 성장시켜 왔다. 끊임없이 자신의 강점을 찾아 목표 달성을 이룬 실천적 인물이다.

성공한 사람들은 그들이 아무것도 가진 게 없다고 할지라도, 그들에게 주어진 시간을 마음껏 활용한 사람들이다. 거기에 황금 같은 기회가 있음을 알고 있기 때문이다.

실천 계획서 작성하기

우리가 매번 결심만 하고 실제로 변화하지 못하는 이유는 결코 의지가 약하거나 타고난 천성이 게을러서가 아니다. 제대로 된 실천 계획서가 없기 때문이다.

지금보다 더 나은 삶의 변화를 희망한다면 현실성 있는 나만의 실천 계획서가 필요하다. 그래서 제3장 1항에서 언급한 나로 하여금 무엇이 절박한가를 살펴보게 된다.

절박한 이유 찾아보기

구분	내가 절박하게 바라는 것은	이유	비고

사실을 확인하는 것이 중요하다. 그것은 우리가 사실을 알지 못하면 지혜롭게 나아가려는 방향조차 알 수 없기 때문이다. 사실을 알지 못한 상태에서 우리가 할 수 있는 일이라고는 혼란스러움밖에 없다.

위 표에 의해 작성된 절박감을 기반으로 하여 내 인생 계획을 수립할 수 있다. 우선 몇 년 계획을 항목별 연도별로 나눈다. 이를 장기 계획이라 한다.

장기 계획 작성표

구분	항목별	연도별	추진 계획	비고

구분란에는 내가 이루고 싶은 꿈은 무엇이고 어떻게 해야 이룰 수 있는 것인가를 정한다. 구분에 따라 항목별로 나누고, 연도별 추진 계획을 세운다. 추진 계획란은 포괄적으로 적는다. 여기에 나오는 계획표나 앞으로 나올 서식은 어디까지나 이러이러한 것도 있다는 정도로 이해하면 된다. 실제 계획표는 자기 나름대로 작성해 보면 더욱 유익한 계획표가 나올 수도 있다. 장기 계획표가 작성되면 다음은 단기 계획표를 작성해 본다.

단기 계획 작성표

구분	항목별	월별	내용	세부 추진 계획	비고

큰 틀에서 작성된 장기 계획을 단기별로 항목별, 월별 단위로 나눈
다. 월별 단위에서는 항목별 추진 내용과 그에 따른 세부 추진 계획을
현실성 있게 세운다. 그러면 자연스럽게 그 목표를 달성하기 위해 자신
이 무엇을 어떻게 해야 할지 명확한 그림이 그려진다.

여기에 전략과 전술을 추가시킬 수도 있다. 추진 일정은 항목별 월별
로 작성한다. 실현 가능한 기한을 정하고 주어진 여백에 기록과 실행 사
항을 꼼꼼히 기재한다. 기한은 너무 멀리 잡거나 기한 때문에 부담을 느
낄 정도가 아니면 된다. 너무 촉박하게 잡지 말고 자신이 조절할 수 있
을 정도로 정해야 한다. 합리적인 기한을 정해야 집중도를 향상시킬 수
있다.

인생 계획표의
마무리 작업

    인생 항로가 제대로 잘 짜인 실천 계획인지, 한 번 더 살펴보는 것이 바람직하다. 사전 검토를 통해서 성공 가능성을 예측하고 문제점을 보완할 수 있기 때문이다. 내가 추진하고자 하는 계획이 얼마나 현실성 있고 합리적인가를 한번 검증 과정은 거쳐 보자는 의미다.

    성공 가능성을 체계적으로 점검하기 위해서는 실천 계획의 제반 요소들을 종합적으로 들여다볼 필요가 있다. 예를 들자면 며칠 정도의 등반 계획을 세웠다고 가정해 보자. 타당성 분석을 미리 한번 해보면 문제점을 발견하고 사전에 수정, 보완이 가능하다.

    그러나 사전에 예측하지 못하고 현장에서 부딪힌다면 얼마나 위험한 일이 되겠는가. 포기하고 내려와야 할 처지가 된다면 문제가 심각해진다. 마찬가지로 내 인생 5개년 계획은 더구나 장기 계획이다. 그러한 것을 감안한다면 더욱더 분석이 요구되는 사항이다. 어떤 일이든 완벽할 수는 없다.

    가다 보면 주변 상황도 바뀔 수 있다. 그러면 그런 대로 대처해 가면 된다. 수정, 보완해 가면서 앞으로 나아가는 것이다. 그러면 나 자신이 지향해온 삶의 방향이 확연히 드러나게 된다.

목표 점검, 보완 작업은 이렇게

목표가 적절한지, 계획 기간 내 실현 가능성이 있는지, 한 번 더 체크해 봐야 한다.

목표 실현 가능성 체크

내용	실천 여부	실천이 어려운 점	해결 방안	비고

내용란에는 장기 계획과 단기 계획에서 정한 항목별 사항을 적는다. 실천 여부란에는 실천이 가능한가, 아닌가를 적는다. 실천이 어려운 점 란에는 무엇이 어려운가를 판단한다. 해결방안이 나오면 그것에 의해

재정립할 수 있는 틀을 잡는다.

추진 상황의 수정, 보완 점검표

항목별	추진 사항	점검 내역	보완할 사항	비고

추진 상황의 점검은 상반기, 하반기 별로 연 2회 정도가 적당하다. 너무 길게 잡으면 중도에 결심이 흐릿해지거나 무기력함에 빠질 염려가 있다. 점검은 항목별로 체크한다. 점검 내역란에서는 구체적으로 적는다.

구체적 내용에서 체크된 사항은 내용별로 보완 사항을 적되 실현 가능한 범위 내에서 기재한다. 이러한 수정, 보완의 사항은 상기 틀에 얽매이지 말고 자기 나름대로 하면 된다. 하다보면 더 좋은 방안이 나올 수도 있다.

인생 계획표의 성공 서약서는 이렇게

먼저 내 인생 5개년 계획이 성공적으로 이루어졌을 때를 가상하여 긍정적인 결과들을 모두 적어 본다. 그것을 바탕으로 몇 년 후 나의 성공 서약서를 작성한다.

○년 후 나의 성공 서약서

내 인생 ○개년 계획의 성공 서약서
나는 내 인생 ○개년 계획을 다음과 같이 성실히 수행하고자 한다.

(구체적 내용 기재)

2021년   월   일

서식은 위와 같은 것이 아니라도 좋다. 내 취향대로 하되 기본적인 것은 성공을 서약해야 된다. 보고 있는 책 여백에 "나는 이렇게 되기를 서약한다"라고 기재할 수도 있다. '책이 지저분해질까 염려하거나, 남이 보면 어쩌나.' 이런 생각으로는 이룰 수 있는 게 없다. 책이라는 것은 보관하기 위해 있는 게 아니다. 활용해서 내 것으로 만들어야 한다. 그러자면 지저분해질 수도 있다. 그보다는 더 오히려 당당하게 책상 앞에 붙여 놓아도 좋다. 내 인생 내가 개척해 나아가는 것이다. 느슨한 마음을 수시로 다잡아야 된다. 그러자면 성공 서약서를 가끔씩 봐야 하고, 또한 느껴야 한다.

성공한 자신의 모습을 그려 보라

성공한 나 자신의 모습을 상상하면서 그렇게 되도록 계속 전진해 나가는 것이다. 그리고 목표 달성이 되었다면 제2차 ○개년 계획으로 이어가기를 하는 것이다.

막연히 무엇이 되겠다는 것보다는 이루고자 했던 일을 기록해 두는 게 중요하다. 처음 시도해 보는 일이라 어색할 수도 있다. 그러나 성공한 사람들은 다 그렇게 해왔다는 사실을 알아야 한다.

지금은 격식 따질 때가 아니다. 성공한 내 앞날을 보장 받자는 데 뜻이 있다. 그래서 더 좋은 방법을 연구 활용하는 것도 좋은 방안이 될 수 있다.

구체적 내용 기재는 이렇게 하면 된다. 먼저 내 인생 ○개년 계획이 성공적으로 이루어졌을 때의 긍정적인 결과들을 모두 적어 본다. 목록이 준비되면 상상을 해본다.

온 몸의 긴장을 풀고 느긋하게 상상 속 내 모습을 그린다. 이제 그 상상 속에서 5개년 계획의 내 모습을 합치면 된다.

○년 후 내 모습 상상도 작성하기

○년 후 오늘 내 모습 상상도

• ○년 후 오늘 나는 무엇을 하고 있을까

(구체적 내용 기재)

• ○년 후 오늘 나는 어떤 사람이 되어 있을까

(구체적 내용 기재)

• ○년 후 오늘 나는 무엇을 가지고 있을까

(구체적 내용 기재)

2021년   월   일

몇 년 후 성공한 모습을 그려 보자. 그 목적을 향해 한발 한발 나아
갈수 있도록 끊임없는 자기 계발을 해야 한다. 성공한 자신의 모습을향

해 꾸준히 가면 성공은 반드시 그곳에 있다.

독일의 시인 괴테는 말했다.

"최선을 다하고자 결심하는 순간 풍요의 여신은 감동한다. 결코 상상할 수 없는 여러 가지 일들이 나를 도와준다."

나 자신도 반드시 그렇게 될 수 있다.

2단계 계획표로
이어가기

　목표가 달성이 되었다면, 그러한 성취감으로 그칠 것이 아니라 더 큰 성장으로 이어져야 한다. 목표 달성은 새로운 목표의 시작이 될 수도 있다. 제1차 ○개년 계획에서 잘 한 점은 잘한 대로, 잘못한 점은 잘못한 대로 성과 분석도 하고 정리해 본다.

　성과 분석과 쌓아 올린 노하우는 다시 제2차 ○개년 계획으로 이어가면 된다. 즉 한층 강화된 내용으로, 또는 수정 보완해서 다져가는 것이다. 원대한 목표 설정이 이루어지는 그날까지 제2차, 제3차로 발전시켜 나간다. 그것이 결국 내 삶의 과정인 것이다. 내 인생 ○개년 계획으로 성공한 사람들 역시 그렇게 하여 큰 성과를 이루어낸 것이다. 내 삶은 내가 어떤 생각으로 어떤 결정을 하느냐에 달려 있다. 내 꿈을 계속 이어나갈 때 풍요롭고 아름다운 삶이 있음을 알아야 한다.

내 인생 ○년 후를 이렇게 다짐해 봤다

1단계 : 착상 (절박감 찾기)

뒤늦게 해 보겠다는 나이이지만 그래도 100세 인생이 아닌가. 아직 반의 반세기가 나를 기다리고 있다. 무엇으로 채울 것인가는 순전히 내 몫이다. 그 세월마저 그렇게 허무하고 무의미하게 보낼 수는 없는 노릇이다. 무엇인가 뜻있는 일을 찾아 봐야 할 일이다. 어쩌면 그런 마음으로 인해 생각을 달리한 것일 수 있다.

2단계 : 구상

○년 후 절실히 바라는 것이 무엇일까. 어떤 생활이 되었으면 좋겠는가. 그 원하는 것들을 적어 본 후 현실 가능성을 검토했다.

내 인생 5개년 계획 구상

구분	내가 할 수 있는 일들	검토	채택 여부	비고
자기 계발	자격증 취득	필요성은 있으나 노력에 비해 실익이 적다.		
	책 쓰기	적절하다. 도전해 보기로 한다.		
	외국어 습득	필요성은 있으나 시간이 많이 걸린다.		
재무 설계	창업	생각을 접기로 한다.		
	제2직업 모색	책 쓰기를 직업으로 간주한다.		
건강 관리	헬스장	생각을 접기로 한다. 집에서 하는 운동으로 대체한다.		
	등산, 걷기 운동	계속 유지하기로 한다.		
노후 관리	마음 다스리기	적절하다. 도움이 될 것으로 기대한다.		
취미 생활	해외여행	이미 다녀온 것으로 만족하고 국내 여행으로 돌린다.		
	-			
기타	습관 고치기	유지할 것과 고칠 것을 구분한다.		
-	-	이하 생략		

검토한 결과 책 쓰기, 건강 관리, 마음 다스리기, 나쁜 습관 고치기로 결정했다. 내 인생 ○년 계획 구상 및 세부사항, 일정별 추진 내역 등은

워드로 활자화하는 것보다는 바인더 한 권을 이용해서 자필로 기재했다.(낱장을 끼워 넣고 빼기에 좋고 관리하기가 더 좋다. 대형 문구점에 좋은 바인더는 많이 있다) 세밀하게 기재할 수 있어서 좋다. 세부적인 기재 내용은 지면 관계상 생략한다.

3단계 : 연구

책 쓰기 : 제1차 ○년 계획 기간에 1권 집필한다.

제2차 ○년 계획 기간에 1권 집필한다.

제3차 ○년 계획 기간에 1권 집필한다.

건강 관리 : 내용은 생략한다.

마음 다스리기 : 생략한다.

나쁜 습관 고치기 : 생략한다.

4단계 : 계획수립

책 쓰기 제1차 5개년 계획

년도	월별	구분	내용	비고
2020	1	구상	책 제목 선정하기	
	2	"	여러 가지 중에서 한 가지 채택한다	
	3	목차 만들기	수시로 생각나는 대로 적는다	

년도	월별	구분	내용	비고
	4	"	기본 목차를 만든다	
	5	자료 수집	최대한 많은 자료를 수집한다	
	6	"	"	
	7	"	"	
	8	자료 정리	이용 가능 자료 정리	
	9	〃	"	
	10	"	"	
	11	초고 집필	목차별로 소제목을 분류한다	
	12	"	목차별 꼭지별로 매일 쓴다	

년도	월별	구분	내용	비고
2021	1	초고 집필	목차별 꼭지별로 매일 쓴다	
	2	"	"	
	3	집필 정리	소제목별로 정리한다	
	4	수정, 보완	고칠 것은 고치고 뺄 것은 뺀다	
	5	"	"	
	6	"	목차별 꼭지별로 정리한다	
	7	퇴고	전반적으로 검토한다	
	8	집필 완성	완성 원고 정리	
	9	출판사 선정	출판사 알아보기	
	10	출판 계약	계약하기 및 완성 원고 보내기	
	11	"	편집	
	12	출간	인쇄 및 출간, 두 번째 책 집필 계획 구상	

2022년부터 2024년까지의 내용과 세부사항은 생략한다.

건강 관리, 마음 다스리기, 나쁜 습관 고치기의 세부내용은 생략한다.

내 인생 ○개년 계획을 다음과 같이 성실히 수행하고자 한다

- **책 쓰기**

○년 후 책 1권을 집필한 작가가 되겠다.

이하 생략

- **건강관리, 마음 다스리기, 나쁜 습관 고치기**

내용 이하 생략

2021년 0월 0일

○년 후 오늘 내 모습 상상도 작성하기   내용은 생략한다.

그리고 ○년 후(2024년 12월 31일 필자의 일기)

오늘은 음력으로 섣달 초하루, 돌아오는 1월 29일이 설날이다. 설날 전까지는 제2차 5개년 계획의 수정 보완 작업을 마쳐야겠다. 제1차 5개년 계획의 성과 분석 작업은 지난주에 마친 상태다. 특히 두 번째 책 쓰기 계획은 보완할 일이 많아졌다. 첫 번째 출간된 나의 책은 겨우 3쇄 출판으로 마무리하게 되나 보다. 기획 출판으로 진행하고, 친절하게 대해 주는 출판사 대표님을 봐서라도 15쇄까지는 가야 하는데.

열정을 불태우는 나를 당해낼 재간은 없다

지금까지의 성과 분석을 바탕으로 제2차 계획으로 이어지는 구상이 이루어져야 한다. 그렇게 제2차 계획으로 이어지려면 지금까지 이어온 열정을 더 한층 북돋아야 할 일이다. 그렇다면 어떻게 해야 할까. 열정이란 어떤 행동을 하고 싶도록 만드는 마음가짐이다.

그와 동시에 생명력이기도 하다. 무엇을 해 보겠다는 충동은 그로 하여금 항상 에너지가 넘치게 되는 것이다. 남들보다 많은 일을 해도 거뜬하다. 그래서 미련하다고 할 정도로 한 분야에 우직하게 매달리는 사람들이다.

그리고는 온 정성을 다 쏟아붓는 것이다. 내 인생 ○개년 계획을 더 이어가자면 반드시 그렇게 해야 할 일이다. 성공한 사람과 실패한 사람의 차이를 보면 알 수 있다.

우리는 남달랐던 열정으로 성공한 사례들을 가끔 접하게 되는 경우가 있다. 열정으로 키워낸 한류 스타 방탄소년단이 그렇다. 그들은 수년 전에 데뷔한 빅히트 엔터테인먼트 소속 우리나라 7인조 보이 그

룹이다.

한국 가수로는 최초로 미국 빌보드 메인 싱글 차트 1위에 오른 것이다. 한류 인기는 어제 오늘의 얘기가 아니다. 가장 벽이 높다는 빌보드 싱글 차트 정상 등극은 대단한 성과라고 세계적인 찬사를 받고 있다.

그 비결은 우선 글로벌화를 위한 남다른 열정의 결과라고 했다. 그들은 열정의 성과를 이미 보여 주고 있다. 그들의 신화 이면에는 결코 멈출 수 없는 열정이 있었기에 가능했던 것이다.

삶에 열정이 없는 사람은 사실 어찌 할 수 없다. 가슴에 타오르는 열정이 없다면 이룰 수 있는 게 없기 때문이다.

분명한 사실은 활기찬 삶을 원한다면, 그 삶에 열정이 넘쳐야 한다는 것이다. 이 시점에서 나를 한 번 더 들여다보자. 제1차 ○개년 계획으로 열정이 다소 소진되어 있다면 다시 뜨겁게 데워야 한다. 타오르는 열정을 내 안에 품는다면 내 인생 ○개년 계획도 방탄소년단보다 더 희망적으로 될 수 있을 것이다.

이루어낸 계획은 또 다시 제2차 내 인생 ○개년 계획으로 계속 그 열정으로 이어가면 될 일이다. 열정으로 불태울 때 그 어느 것도 나를 당해낼 재간은 없다.

1단계 계획표의 성과 분석과 2단계 계획표로 이어가기

내가 계획했던 일이 잘되었든 아니든 그 결과에 대해서는 반드시 성과 분석이 필요하다. 그렇게 함으로써 '어느 부분이 미흡했다, 또는 어느 부분은 제대로 이루어낸 결과다'라고 한눈에 들여다볼 수 있게 된다.

그게 바로 내 나름대로의 노하우가 생기게 되는 방법이다. 값진 노하우를 그냥 묵힐 수는 없다. 더욱 발전된 계기로 삼아야 된다. 내 인생에 있어 진정으로 중요한 것이 무엇인지를, 다시 몇 년을 내다보는 비전을 앞세워야 한다.

제3장 1항에서 언급한 '내 인생 ○개년 계획의 실천 성공 사례'에서 보면 미국의 마크 앨런 역시 그렇게 하여 꿈을 현실로 이끌어낸 인물이다. 그는 제1차 5개년 계획으로 희망이 조금씩 보이기 시작했다.

그러나 그에 만족하지 않고 계속 그는 5개년 계획을 5년 주기로 더 발전시켜 나갔던 것이다. 바로 그것이다. 조그만 성과에 만족해 그에 그치고 만다면 내 잠재의식에 각인된 창조적 결과를 더 이상 쌓아 올릴 수 없게 된다.

과거 정부에서 실행한 경제 개발 5개년 계획을 한번 들여다보자. 그 당시 국가 경제는 후진국 수준을 벗어나지 못했다. 그러한 절박감 속에서 경제 개발 5개년 계획이 구상되었던 것이다. 외자 도입 및 수출 정책 등을 바탕으로 중화학과 중공업에 전념했다.

제1차 경제 개발 5개년 계획이 끝난 후의 성과는 대단했다. 정부는 그에 만족하지 않고 제2차, 제3차 그렇게 제5차까지 이어져 갔다. 그 결과 한강의 기적이라 불릴 정도로 유례없는 고도성장을 이뤄낸 것이다.

우리 역시 지금의 안일한 생각에 그치지 말고 더 나은 내일을 위해 당찬 각오가 필요할 때다. 내 인생, 어느 누구도 대신할 수 없는 내 삶이다. 제2차 내 인생을 위한 계획으로 성공한 그때를 기약해 보자.

CHAPTER 4

인생 계획표
성공을 위한
실행 지침

즉시 행동으로 옮겨라

제3장까지의 과정에서 얻어진 것이 계획 수립이라는 결과물이다. 아무리 잘 짜인 계획이라 하더라도, 행동으로 옮기지 못하고 생각만 하고 있으면 계획은 영원히 꿈으로만 남게 된다.

중국의 알리바바 창업자 마윈은 말했다. "성공은 계획만으로 이루어지는 것이 아니다. 지금! 바로! 즉시! 하는 행동에서 비롯된다." 마음에 와 닿는 명언이다. 그는 모든 생활신조를 그렇게 하여 아시아 최대의 자산가가 되었다. 그와 같이 바로 오늘이 내 인생의 전환점이라는 새로운 각오가 필요한 시점이다.

계획을 세우고 곧바로 행동에 나서야겠다는 굳은 결심이 있다면 행운은 반드시 내 편이 된다. 나 자신이 진정으로 무슨 일을 하고 싶다면 지금도 늦지 않았다. 지금, 바로, 즉시 행동으로 옮기면 가능한 일이다. 무뎌진 정신을 새롭게 연마하고 나약해진 마음을 추슬러야 할 때는 바로 지금이다.

지금부터 행동으로 옮기지 않으면 내일은 없다. 그런 각오가 필요하다. 하루하루 목표를 향해 나아가는 자체가 행복이라는 것을 느껴야 한다. 목표가 이루어지는 그날까지 정성을 다해야 한다. 계획 했던 일들을 시작할 수 있는 시간은 지금부터다.

일단 시작해야 승리한다

어떤 계획이라도 시작하지 않으면 결과를 얻을 수 없다. 괴테의 명언 중에 "당신이 만약 참으로 열심히 하겠다면 '나중에'라고 말하지 말라. 지금 당장 이 순간에 해야 할 일을 곧바로 시작하라"고 했다.

아무리 힘든 일이라도 모든 일은 일단 시작하는 데서 출발한다. 그렇다면 어떻게 시작해야 할까? 거창하게 구색을 갖추는 것만이 시작은 아니다.

예를 들어 경부 고속도로를 착공할 당시를 한번 들여다보자. 60여 년 전에 건설 계획을 발표했었다. 그 당시 장비도 부족했고, 뒷받침할 만한 예산도 넉넉지 않았다. 그래서 정계, 재계 할 것 없이 아직은 시기상조라며 반대 여론이 들끓었다. 각종 언론 매체도 대체적으로 비판적 논조를 보였다.

그러한 논란에도 불구하고 정부는 건설 계획 발표 다음해에 착공식과 더불어 첫 삽을 떴다. 일단 시작의 용기를 보였고, 결국 큰 혼란 없이 완공했다. 세계가 놀란 속도였다. 어떤 일이든 하면 된다는 자신감을 심어준 국가사업의 큰 성과였다.

이러한 일들은 비단 국가사업의 일만이 아니다. 각 개인의 일상생활에서도 갖추어야 할 생활 철학이다. 완벽함을 찾게 되면 일이 늦어지고 만다. 일을 하겠다는 계획이 잡히면 일단 시작하는 것이 중요하다.

일단 시작해 봐야 한다. 머뭇거리고 있으면 정지가 아니라 퇴보만이 기다리고 있을 뿐이다. 세월은 정처 없이 흘러가기 때문이다. 머릿속으로 아무리 완벽한 계획을 구상했다 하더라도 늘 아쉬움은 남게 마련이다. 아쉬움 때문에 시작조차 하지 못한다면 그 계획은 계획이라 말할 수 없다.

구상해 온 일이 있다면 지금 바로 시작해야 한다. 시작하지 않으면 오늘도 어제와 똑 같은 날이 계속될 뿐이라는 사실을 명심해야 한다.

실행이 답이다

금년도 책 쓰기에 올인 할 수 있는지를 알아보기 위해 시도해 본 게 있다. TV 안 보기다. 집중력이 약한 게 나의 결점이기 때문이다. 흐트러진 마음을 다잡을 수 있는지, 그 가능성을 보고자 하는 마음에서다.

TV를 안 보는 시간에 책을 본다거나, 그날의 신문으로 궁금증을 해

소하기로 했다. 그러기를 2개월, 가능한 일이었다. 당분간은 더 유지해 봐도 될 것 같았다. 막연히 TV를 안 보겠다는 생각보다는 뚜렷한 목표 의식이 있었기 때문에 가능했을 것이다.

집에 있는 시간이 많은 사람은 자연스럽게 TV에 눈길이 가게 돼 있 다. 영상 매체는 지속적으로 인간의 감각을 자극해 일시적인 이완감과 편안함을 주기 때문이다. 그래서 반복적으로 영상을 보고 싶은 욕구가 생긴다.

집안에 텔레비전이 아예 없다면 모를까, 집안에 두고서도 자제한다 는 것은 결심이 필요하다. 그래도 자신의 능력을 시험해 보고자 할 경우 라면 한번쯤 시도해 볼 만한 일이다. 실행력은 마음의 문제임에 틀림없 다. 제자리에 머문 상태에서 생각만으로는 변화를 기대하기 어렵다.

내가 한번 해보겠다는 굳은 의지가 있어야 모든 게 가능한 일이다. 아무리 생각이 많아도 실행력이 없다면 어떤 결과도 나오지 않는다. 모 든 성취는 오직 해보겠다는 굳은 의지에서만 가능하다.

생각은 늘 하는데 미루게 되는 일이 있다. 그러다 보면 언제 그랬냐 는 듯이 또 잊게 되고 만다. 참으로 안타까운 일이다. 생각에만 그치지 말고 실행으로 옮겨야 되는데, 그게 안 되니 문제다. 실행력이 부족한 것은 의지력의 문제일 수도 있다.

그러나 더 중요한 것은 아직 효과적인 나만의 방법이 정립되어 있지 않기 때문이다. 그러기 위해서는 내 삶의 명확한 좌표가 있어야 한다. 내가 가고자 하는 길이 어느 쪽이며, 무엇 때문에 가고 있는지가 명확해 야 한다.

즉 내 인생의 목표가 분명한 사람은 다른 사람의 유혹에 휘둘리지 않게 된다. 남이 뭐라고 하든 내가 가야 할 길이 있기에 가능한 일이다.

그 꿈을 이루기 위해 노력한다면 내가 무엇을 해야 할지, 그것이 눈에 보이게 된다. 꼭 거창한 일이 아니어도 좋다. 작은 일이라도 그렇게 시작해 보는 거다. 멈추지 말고 앞으로 나아가기만 하면 된다.

늘 생각에만 머무르게 되면 결코 되는 일은 없다. 내 인생 ○개년 계획도 역시 마찬가지다. 실행하는 것, 그것만이 해결 방안이다. 꾸물대지 말고 지금 시작해 보자.

빠른 결단의 힘

몇 달 전 서울에 볼 일이 있어 갔을 때 일이다. 내비게이션만 믿고 가는 중에 사거리를 앞두고 좌회전을 하라는 표시가 떴다. 그러자면 좌회전이 가능한 1차선에 진입이 되어 있어야 했는데 그렇지 못한 상태다. 내 위치는 3차선에 있었다.

차량 통행이 잦은 3차선 도로다. 어쩔 수 없이 끼어들기를 강행할 수밖에 없다. 어느 시점에 어느 차량 앞으로 끼어들기를 해야 할지 순간 결정을 내려야 한다. 결단의 용기가 필요하다. 끼어들 틈이 없나 하고 연신 이리저리 살피게 된다.

아찔한 기분이 든다. 무척 긴장된다. 그때를 놓치면 결국은 직진을 해서 유턴이 가능한 곳까지 가서 되돌아와야 한다. 이럴 때가 바로 결단의 순간이다. 안전하게 뒤를 따라갈 때보다 추월이나 끼어들기를 할 때는 위험이 따른다. 그걸 감수할 용기가 있어야 가능한 일이다.

어디 운전에서만 그러하겠는가. 일상생활을 하다 보면 무언가를 결심해야 할 일이 생길 때가 있다. 기회를 놓치면 우리에게 남는 건 후회와 낙후뿐이다. 하루 이틀 미루다 보면 그만큼 뒤처지게 된다.

어떤 일을 시작할 때 할까 말까 망설여지는 경우가 있다. 이럴 때 너무 오래 재는 것은 문제 해결에 도움이 되지 않는다. 어떻게 하겠다고 결심하는 것이 필요하다. 물론 결론을 내리기까지는 정확한 상황 분석이 중요한 일이다. 그러나 그보다 더 필요한 것은 모험을 감수할 용기가 있어야 한다. 결정을 내린다는 것은 항상 새로운 변화를 전제로 하기 때문이다. 어떤 일이든 망설이는 것보다는 곧바로 실행하는 것이 한걸음 앞서 가는 것이 된다.

우유부단한 사람은 실패를 두려워하고 공연히 불안해하는 등 결단을 늦추게 될 수도 있다. 그러나 그렇게 해서는 곤란하다. 그렇다면 어떻게 하는 것이 결단력을 높이는 일이 될 수 있을까. 생각한 일을 용기로써 한걸음 내딛어야 한다.

우리의 삶은 수많은 선택의 연속이다. 머뭇거리기만 한다면 될 수 있는 일은 아무것도 없다. 수많은 선택의 기로에서 결정을 제때 내리지 못한다면 항상 후회만이 뒤따를 뿐이다.

결정을 못하고 우물쭈물하는 데는 우리의 완벽주의 또한 빠른 결단에는 도움이 되지 못한다. 모든 계획이 빈틈없이 진행되어야만 안심을 하기 때문이다. 실패를 지나치게 두려워하다간 무엇이든 벼르기만 할 뿐 행동으로 나타내지 못하게 된다.

아무리 많은 생각을 가져도 한 번의 행동이 없으면 그것은 없는 거나 마찬가지다. 어떤 일에도 실수는 있게 마련이다. 너무 두려워할 것은 아니다. 실수를 할 수도 있다는 자신 있는 태도가 필요하다. 내가 하려고 마음먹었던 일들을 한 번에 한 가지씩 해보면 된다.

하루 생활의 전부가 내 결정에 의해 진행돼 간다. 어느 것 하나 내 의사 결정을 거치지 않는 일이 없다. 결단력이 없는 게 아니다. 그걸 좀 더 깊이 있게 활용 할 수 있는 능력을 조금씩 키워 가면 되는 일이다.

이제 머뭇거리는 생각은 그만하고 일어서야 할 때다. 그게 해결의 시발점이다. 우물쭈물하다가 다 놓치게 될 수도 있다. 빠른 결단만이 그대 삶의 승패를 좌우한다는 사실을 잊지 말아야 할 일이다. 나에게는 결단력이 있다.

지난 세월과 가야 할 세월

세상은 빠르게 끝없이 변해 가고 있다. 컴퓨터와 휴대폰, 그들의 옛날과 지금을 비교해 보면 이해가 쉽게 된다. 1970년대 초반 지방 산림청에서 공무원 생활을 할 때만 해도 컴퓨터라는 것 없이 사무를 봤었다. 손 글씨로 공문서를 기안 작성하여 결재를 받곤 했다.

결재 받은 서류는 타이핑을 해서 시행문을 작성했다. 타자기는 사무실에 한 대 정도 있고, 담당 직원이 전담했다. 전화기 역시 귀했다. 산림청이 서울 홍릉 앞쪽에 있을 때, 그때 고향에 전화 할 일이 있어 몇 번 전화국에 갔던 기억이 있다. 저녁에 회기동 전셋집에서 청량리 전화국까지 가서 통화 신청을 했다.

그것도 보통 신청이 있고 지급 신청이 있다. 지급으로 신청을 하면 보통 신청보다 전화 연결이 앞서고 그 대신 요금이 더 나온다. 세월이 흐른 지금은 상황이 많이 달라졌다. 컴퓨터, 성능도 몰라보게 좋아졌고 너무 흔해서 사무실이든 가정에서든 없는 곳이 없다.

전화기는 전화선이 필요 없는 휴대용 스마트폰이 개발되었다. 개인별로 한 대씩 가지고 다닌다. 실로 놀라운 발전이다. 몇 십 년 사이에 이처럼 변했다. 그뿐만 아니라 승용차, 가전제품 등 이루 말할 수 없는 것들이 거의 상전벽해 수준으로 변해가고 있다.

지나온 세월, 그러한 변화 속에서도 못다 이룬 꿈도 있다. 후회스러운 것들도 고스란히 남아 있다. 지내 놓고 보니 그게 아니었는데, 지금에서야 느끼는 애틋함이 있다. 그때는 왜 그게 안 보였을까.

그러나 되돌아갈 수 없는 자연의 섭리이기에 경험해 보지 못한 젊은 이들에게 간곡히 전하게 되는 입장일 뿐이다. 무섭게 변해가는 세상이다. 그것을 일찍 느껴 보자는 얘기다. 나를 살피고 주변을 살피는 일을 끊임없이 해야 하는 삶이 되었다.

자신이 가야 할 길을 알고 가는 자만이 이길 수 있다. 오직 그 길만을 위해 큰 걸음으로 내딛어야 한다. 지금 당장의 달콤함에 한 발짝을 내딛지 못한다면 세월은 나 자신을 기다려 주지 않는다. 어찌할 수 없는 현실이다.

과거 몇 십 년에 걸쳐 일어났던 변화가 불과 몇 년 만에 이뤄지는 세월에 살고 있다. 앞으로 어떻게 변화될지는 예측이 어렵다. 암 질병이 종식되는 것도, 말 한마디로 어디든 운전이 가능한 것도, 생각만으로 인쇄 출력이 가능한 것도, 역시 남은 세월에 볼 수 있는 변화일지도 모른다.

어쩌면 컴퓨터, 휴대폰보다 더한 물건이 나올지도 모를 일이다. 가야 할 세월을 대비해야 한다. 내 인생 ○개년 계획을 세워야 하는 이유이기도 하다.

변화의 속도를 따라잡고 뒤처지지 않기 위해서는 끊임없이 학습하고 스스로를 개척해 나아가야 한다. 그것이 가야 할 세월에 대비할 수 있는 나 자신의 할 일이다. 머뭇거리지 밀고 지금 이 순간부터 바로 시작해야 한다.

끝까지
포기하지 마라

한번 목표를 정하면 끊임없이 노력하고 열정을 다해 끝까지 최선을 다해야 한다. 그것이 성공의 비결이기 때문이다. 성공을 위해 계획했던 일을 과감히 행동으로 옮기는 사람이 있는가 하면, 허송세월로 무의미하게 하루를 보내고 있는 사람도 있다.

그들의 결과는 불을 보듯 뻔한 일이다. 과감하게 행동으로 옮긴 사람들, 그들만이 남들보다 먼저 성공할 수 있는 것이다. 끊임없이 시도하고 될 때까지 계속하면 결국 모든 일은 이루어지고 만다.

미국의 심리학자 시어도어 루빈은 말했다.

"도전에 성공하는 비결은 단 하나, 결단코 포기하지 않는 일이다."

그는 유명한 정신 분석가로서 많은 젊은이에게 희망의 메시지를 전한 바 있다. 포기하지 않고 끝까지 간다면 성공의 목표에 반드시 도달한다는 것이다.

강한 자가 살아남는 것이 아니라 살아남는 자가 강한 것이라는 말도 있다. 그래서 이루고자 하는 꿈을 위해 끝까지 한번 해보는 거다. 끝까지 하지 않고서는 아무리 좋은 계획도 성공할 수 없는 일이기 때문이다.

끝까지 하면 꿈은 반드시 이루어진다

부동산 중개연합 회원들과 함께 1박 2일 여행길에 나섰다. 여행을 떠나는 일은 언제나 즐거운 일이다. 그날 일행은 통영과 거제도 여행 일정을 마치고 다음날 아침 자그마한 섬 외도 관광 길에 올랐다.

유람선의 힘찬 고동 소리에 외도로 가는 바닷길이 출렁대고 있다. 파도에 밀려 외도 선착장에 도착을 하고, 아름다운 섬 풍광이 한눈에 확 들어온다. 외도는 섬 전체가 잘 꾸며진 하나의 크나 큰 정원이다. 열대 식물들이 가득 심어져 있고, 보면 볼수록 이국적이다.

이렇게 아름다운 관광 명소도 개발하기 전에는 8가구가 살고 있던 황무지였다고 한다. 서울에서 교편생활을 하던 해상공원 설립자가 50여 년 전 외도를 부분적으로 사들였다. 처음에는 농장을 조성했으나 실패하고, 그렇게 실패를 거듭한 끝에 해상 농원으로 구상하게 되었다고 한다.

외딴섬, 전기 수도 등 기반 시설도 없고, 드나드는 접안 시설도 여의치 않은 환경에서 일을 시작했다고 한다. 끈기와 열정으로 일궈낸 감동 그 자체다.

외도의 성공 요인은 끈기와 열정이 이 섬의 내면에 깔려 있는 인간 역경의 스토리다. 끝까지 하면 꿈은 이루어진다는 것을 보여준 좋은 본보기라 할 수 있다. 해상 농원으로 개장한 이래 지금까지 누적 관광객 숫자가 일천만 명을 돌파했다고 한다. 정말 대단한 관광지가 되었다.

이렇듯 내가 이루어 내고자 하는 일, 그 일에 집중하는 것에 중요한 의미가 있다. 무슨 일을 하든 마찬가지다. 일단 내가 해야겠다고 생각했던 일이 있다면 미루지 말고 끝장을 봐야 한다. 멈춘다면 그동안의 노력이 헛수고가 될 것이고 모든 것이 수포로 돌아가게 된다.

꿈을 포기하지 않는다면 반드시 이루어진다. 내 인생 계획도 그러한 차원에서 접근해 보자는 거다. 끝까지 한번 해 보자. 그것은 포기할 수 없는, 바로 내가 해야 할 일이다. 나 자신은 그 동안 어떤 것을 죽기 살기로 끝까지 해낸 경험이 있는가.

우리의 능력은 무한정의 힘이 있다, 습관 들이면 안 되는 일이 없다. 내가 바라는 내 인생을 위한 계획을 위해 끝까지 해낸다면 나 자신의 꿈은 이루어진다. 반드시 그렇게 된다.

해 보지 못했던 일의 후회는 평생 간다

후회할 때쯤이면 이미 되돌릴 수 없는 곳까지 오고 난 후의 일이다. 애틋함을 나타내 본들 이미 늦었다. 그러한 후회에는 두 가지 종류가 있다. 해 보지 못했던 일의 후회와 해 보고 나서 하는 후회이다.

'그때 차라리 한번 해 보기나 했더라면'은 망설이다 끝내 하지 못하고 시기를 놓쳐 버리고 만 경우다. 그리고는 시도조차 하지 못한 것에 후회를 한다. 사람들은 해 보지 못했던 일에 대해 후회를 하는 경우가 많다.

작명원을 운영할 때 사주팔자를 상담하러 온 할머니도 그런 말을 했다. "멋진 연애를 한번 못해 본 게 못내 아쉽고 후회스럽다." 젊어서는 집안일 뒷바라지, 나이 들어서는 남편 병시중 드느라 좋은 세월 다 보냈다.

지금은 늙어서 이러지도 저러지도 못하는 게 너무 서글프다는 것이다. 자신의 팔자가 그 정도 밖에 안 되는지 봐 달라고 했다. 오죽 후회스러웠으면 그런 한탄을 했을까. 그러나 이는 누구나 한두 가지쯤은 가지고 있는 해 보지 못했던 일에 대한 아쉬움일 것이다.

분명한 것은 어느 누구든 후회를 하고 또 해 본들 달라지는 것은 없다는 데 문제가 있다. 후회하느니 다음에는 안 그래야지 하고 굳게 다짐하는 게 더 필요한 일이다. 해 보지 못했던 일의 후회는 평생 따라 다니는 멍에가 될 수 있다.

훗날 우리는 실패했던 일보다는 시도하지 않았던 것을 더 후회하게 될지도 모른다. 나중에 후회하지 말고 지금 내 인생의 계획을 서둘러 보자. 바로 여기에 서둘러야 할 이유가 있는 것이다. 머뭇거리지 말고 끝까지 한번 해 봐야 한다. 그래야 후회를 하지 않기 때문이다.

끝을 보기 전엔 절대 물러서지 말라

소설《노인과 바다》의 내용을 보면 끝까지 버티는 힘의 위력을 볼 수 있다. 승부는 폭발력이 아니라 버티는 힘에서 갈린다. 이것이 끝까지 해내느냐, 마느냐를 결정하게 된다.

《노인과 바다》는 노벨상과 퓰리처상을 휩쓴 헤밍웨이의 대표작이다. 고기를 잡고 말겠다는 신념이라든가, 끊임없이 노력하는 자세에서 강인한 정신력을 볼 수 있다. 몇 달간 고기 한 마리 못 잡고 허탕만 쳤던 노인, 처음 며칠간은 한 소년이 같이 있었다.

그러나 그 소년은 부모님 때문에 다른 배를 타게 된다. 그 노인은 포기하지 않고 꼭 큰 놈으로 한 마리 잡고야 말겠다는 마음으로 열심히 일을 했다. 그러던 어느 날 노인이 이틀 밤낮으로 사투를 벌여 큰 청새치 한 마리를 잡았다. 도중에 상어떼 공격을 받아 뼈만 남은 청새치를 뱃전에 매달아 돌아온다.

그렇지만 그는 자기의 패배에 대하여 만족했다. 그렇게 전개되는 이야기다. 그렇듯이 끝을 보기 전엔 포기하지 않는 신념, 우리가 가져야 할 생생한 교훈이다. 성공하는 방법은 사람마다 달라도 실패하는 이유는 단 한 가지다. 중간에 포기하기 때문에 실패하게 되는 것이다.

사람들은 자기 나름대로 계획을 세우곤 한다. 그러나 계획이 계획으로만 머물면 아무 소용이 없다. 일단 행동으로 옮겨야 한다. 그다음에 결실을 맺기 위해서는 계속할 수 있느냐, 없느냐가 중요하다.

끈기가 절대적으로 요구되는 사항이다. 행운은 끝까지 하는 자만이 가질 수 있다. 끝을 보기 전엔 절대 물러서지 않아야 된다. 강인한 정신력이 끝까지 하는 힘의 원천임을 알아야 한다.

게으름을 타파하라 —————

게으름에서 벗어나려면 어떻게 해야 할까. 한번쯤은 부딪혀 본 고민이다. 그러한 게으름은 마음을 병들게 하고 움직임을 무디게 한다. 이는 삶의 에너지를 저하시킨다. 마음이 흐트러진 상태에서 나오는 일종의 정신질환이라고 볼 수도 있다.

몸은 쉬며 놀고 있으면서 머릿속으로는 '아 이거 해야 하는데' 이런 생각으로 그저 미루기만 할 뿐이다. 어느 때는 중요한 일은 뒤로 미룬 채 시답잖은 일에 많은 시간을 보내기도 한다. 또는 마지못해 하는 시늉만 내거나 그냥 뭉그적거리는 경우가 있다.

그러나 누구든 자신의 삶에서 성취하고 싶은 것이 있을 것이다 그것을 손에 넣는 강력한 도구는 바로 게으름을 타파하는 일이다. 그러기 위해서는 어떤 일을 해야겠다고 생각하는 순간 바로 일어서야 한다.

그리고는 일단 시작해 보는 것이다. 굳은 의지만 있으면 가능한 일이다. 할 수 있다는 자신감부터 가지는 것이 최선의 방법이다. 어떤 일을 해야겠다고 생각했으면 곧바로 박차고 일어서는 게 바로 그 길이다.

게으름을 물리치는 기술

꾸준함이 곧 열정과 노력을 불러온다. 어떤 일을 하다가 중간에 길을 잃고 헤매거나 방황할 수도 있다. 하지만 내가 가야 할 방향으로 하루에 한 걸음이 되었든, 두 걸음이 되었든 꾸준히 가야 한다.

그렇게 가다보면 탄력이 붙고 그 탄력이 큰 포부를 갖게 한다. 그게 바로 희망적인 삶의 모습이며, 열정과 노력의 참 모습이 된다. 그러한 신념으로 성공한 스타들이 있다. 그들의 열정과 노력을 내 삶에 접목시켜 볼 수도 있는 일이다.

세계적인 축구 스타 손흥민의 경우를 보면 그의 열정과 노력이 남다르다는 것을 알 수 있다. 스포츠 뉴스 시간에 보게 된 손흥민의 골 장면은 정말 보기에 좋았다. 그때 손흥민은 자기 진영 페널티 라인 앞쪽에서부터 상대편 골라인 부근까지 단독으로 공을 몰아치면서 내달렸다. 거침이 없었다. 상대 수비수를 잇달아 제친 후 기적 같은 골을 성공시켰다.

스피드와 기량 모든 것을 다 보여준 골 장면이었다. 그 일로 해서 잉글랜드 프로 축구 올해의 골 주인공이 되었다. 프리미어 사무국은 번리와의 홈경기에서 터뜨린 골을 시즌 최고의 골로 선정했다고 발표했다.

손흥민, 그는 어린 시절부터 남다른 근성이 있었다고 했다. 기본기를 다지기 위해 혹독한 훈련도 마다하지 않았다는 것이다. 또한 한창 놀기 좋아할 어린 나이에도 오직 축구 하나에만 매달린 것이다.

탄탄한 기본기가 어느 정도 세워진 후에는 끊임없는 열정과 노력을 다 해왔던 것이다. 무슨 일이든 그 일에 열중함으로 인해 능률도 올라가고 성취감도 느낄 수 있다. 그러하듯 내가 좋아 하는 일에 열정과 노력을 다 한다면 반드시 좋은 결과를 보게 된다.

내가 뭘 할 수 있을까. 이런 생각을 가지는 순간 열정은 식어 버리고 만다. 결국엔 도사리고 있던 게으름이 다가오게 된다. 나약하고 소심한 생각으로는 얻을 수 있는 게 아무것도 없다. 손흥민 선수처럼 한 분야에서 열정과 노력을 다해 지속적으로 발전시켜 나가야 한다.

나 자신이 진정으로 열성껏 할 수 있는 일이 무엇일까. 그것을 찾는 게 또한 가치 있는 일이 될 수 있다. 누구든 자신의 삶에서 성취하고 싶은 것이 있을 것이다. 아무리 사소한 것이라도 열정과 노력 없이는 우리가 원하는 것을 얻기는 힘들다. 그것을 손에 넣는 강력한 도구는 꾸준함이다. 꾸준함이 없다면 어렵게 일궈낸 열정은 곧 식게 될지도 모른다. 열정이 식는 것도 문제지만 더 큰 문제는 자책으로 이어질 수도 있다는 것이다. 그렇게 되면 모든 게 수포로 돌아가고 만다.

오로지 열정과 노력만이 그대의 앞날을 밝혀 줄 것이다. 마음을 강하게 하고 당당하게 앞으로 나갈 때 그대의 뜻을 이룰 수 있다. 성공한 스타들은 단 한 번에 그와 같은 위치에 오른 것이 아니다. 열정과 노력을 꾸준히 한 결과임을 알아야 한다.

내 인생에서 반드시 필요한 것은 열정과 노력이다. 열정과 노력으로 무장할 수 있느냐가 관건이다. 열정과 노력, 성공의 기준이 사람마다 다르듯 각자 추구하는 열정과 노력의 의미도 다를 것이다.

내가 펼칠 수 있는 열정과 노력, 그 범위 내에서 시작을 해 봐야 된다. 한계를 알면서 그 보다 월등히 높은 성과를 바란다면 이 또한 스트레스로 작용할 수도 있다. 어떤 일이든 내가 이루고자 하는 그 일에 집중하면서 작은 성취를 이루어 보자.

작은 성취일지라도 이루고 나면 즐거움이 뒤따르게 된다. 그 즐거움이 나의 열정을 깨우고 내가 할 일을 미루지 않게 한다. 그렇게 꾸준히 하는 것이 바로 나 자신의 노력이 될 수 있기 때문이다.

추진력이 부족한 당신에게

요즘같이 변화무쌍하고 자유분방한 세상에서 체면에 매달려 사는 것은 어리석은 삶이다. 열등감의 발로라 하지 않을 수 없다. 작은 체면을 차리다가 큰 것을 잃게 된다. 배짱으로 밀고 나가야 한다.

생각을 했으면 시작을 하고, 시작을 했으면 어렵다는 생각은 버려야 한다. 그렇게 할 때, 바로 그때 추진력에 가속이 붙게 된다. 추진력은 배짱에서 나오는 것이다. 무슨 일이든 시작을 해 놓고 봐야 한다. 일단 움직이기 시작하면 잠자는 의식에 파동이 전달된다. 그래서 탄력을 받게 되는 것이다. 그리고 나는 뭐든 할 수 있다는 배짱에 시동을 거는 거다. '그래 배짱으로 해 보는 거야.' 이런 최면이 곧 나를 밀어주는 힘이 된다.

배짱으로 무장하면 어떤 일이든 할 수 있는 추진력이 생긴다. 난처한 일이 생겼을 때 정면으로 도전할 수 있는 자신감, 그 또한 추진력인 것이다.

추진력이 부족할 때는 의식적으로라도 밀고 나가는 습관이 필요하다. 추진력의 결정적 방해 요소가 회의감에서 올 수 있기 때문이다. '과연 될 수 있을까' 이런 생각 집어치워야 한다. 그런 생각으로 될 수 있는 일이라고는 없다. 부정적 생각이 중추에 덮이게 되면 모든 게 안 되는 쪽으로 바뀌게 된다. 그러면 어떻게 해야 될까. 나는 뭐든 할 수 있다는 생각, 그것이 필요하다.

나에겐 소중하고 값진 젊음이 있다. 무엇이든 밀고 나갈 수 있는 힘이 있다. 또한 나에겐 두둑한 배짱이 있다. 그렇게 최면을 걸면 정말로 그런 힘이 생긴다. 풀이 죽어 있으면 인생도 그렇게 시들해지고 만다. '그까짓 것쯤이야' 이런 배짱으로 밀고 나가야 한다. 그게 바로 추진력의 원동력이다.

부지런한 능력 키우기

원래 인간은 태생적으로 편안함을 추구하려는 습성이 있다. 이는 정신분석학자들이 내린 심리학적 견해다. 그러니까 우리 주변에는 어느 곳에나 게으름이 도사리고 있다는 뜻이다. 편안함을 추구할 때 함께 따라오는 것이 게으름이다.

그렇다면 부지런한 습성을 들이는 방법은 없을까. 게으른 습관의 고리를 끊는 게 중요한 일이다. 고리를 끊는 일은 매일 작은 일부터 조금씩 하게 되면 게으름이 쌓이는 틈을 주지 않게 된다. 지금 내가 하려고 하는 것, 바로 그것을 지금 하는 게 가장 나를 변화시키는 일이 되는 것이다. 그렇게 할 때 점차 넘치는 삶의 활기를 느낄 수 있게 된다.

우리의 일상생활에서도 그처럼 활기 넘치는 삶을 살아가는 사람들을 볼 수 있다. 이봉주 마라톤 선수의 경우를 한번 보자. 선수로 생활한 20년 동안 하루도 거르지 않고 매일 5시에 일어나 2시간씩 달렸다고 한다. 심지어는 신혼여행을 가서도 새벽에 뛰러 나갔다고 언론에서 밝힌 바 있다. 그 열정 정말 대단하다. 더구나 그는 발이 평발이며 짝발이라고 했다. 그럼에도 불구하고 반복 훈련으로 세계적인 마라토너에 이르게 된 것이다.

그러하듯이 부지런한 사람들은 오늘 할 일을 내일로 미루지 않고 그날그날의 삶을 열심히 했다는 사실이다. 내가 하기에 따라 게으른 과거로 돌아갈 수도 있고, 또한 부지런한 미래로 갈 수도 있다.

그냥 내가 하고 있는 일에 정성을 쏟는 일, 그게 바로 부지런한 습관 들이기의 방법이 될 수 있다. 그러기 위해서는 내 인생 5개년 계획의 뚜렷한 목표가 있어야 한다. 그저 아무 생각 없이 하루를 보내게 되니까 자신도 모르게 나태해지고 게으름이 붙게 될 뿐이다.

부지런해진다는 것은 내 마음에서 우러나오는 굳은 의지로부터 시작되는 것이다. 부지런해지려 노력하고 좋은 습관이 생활화되면 결국에는 아름다운 삶을 맞이하게 된다.

의지력을 강하게 하는 능력

의지력은 심리적 문제다. 심리적 문제는 우리 모두 이를 강화시키고 향상시킬 수 있는 잠재성을 지니고 있다. 의지력이란 사람이 어떤 목표를 향해 지속할 수 있는 능력이다. 그것은 좌절을 극복하고 집중력을 유지하는 것을 의미한다.

미국의 거장 피아니스트 플라이셔가 92세로 세상을 떠났다는 문화계 뉴스가 있었다. 강한 의지력으로 일평생을 보낸 입지전적 인물이다. 그는 젊은 시절 탁월한 연주자로 명성을 떨쳤다. 그러나 30대 중반 갑작스레 찾아온 오른손 마비 증세로 현역 무대에서 물러나는 불운을 겪었다. 그러나 이에 굴하지 않고 조금씩 매일 한손으로 연습을 해왔다. 꾸준한 연습과 재활 덕분에 재기에 성공하는 성과를 거두었다. 이처럼 불가능에 가까웠던 일을 실현한 그는 인간 승리의 음악인이 되었던 것이다.

이러한 것을 볼 때 어떠한 좌절이 있더라도 집중력을 유지하면 큰 성과를 거둘 수 있다는 것이다. 어느 누구라도 가능한 일이다. 나 자신이 이루어낼 수 있다는 마음의 문제다. 평소 의지력이 약하다는 말을 반복하는 사람의 경우를 보자.

그런 사람도 자기가 신나는 것을 할 때는 밤을 새워 가며 하고 있지 않은가. 하지 말라고 해도 애를 써가며 하는 것, 그 자체가 이미 의지력이 있다는 뜻이다. 그렇다면 어떻게 해야 할 것인가는 분명해졌다.

어떤 난관이 닥치더라도 굴하지 않고 나아가고자 하는 마음이 중요하다. 내 인생을 위한 계획이라고 해서 다를 바 없다. 어떻게 해서라도 이루고야 말겠다는 의지는 내가 펼칠 수 있는 내 마음, 바로 내 마음의 문제이기 때문이다.

좋은 생활 습관에
젖게 하라 ————————

거나하게 술이 취한 사람도 자기 집까지는 찾아가게 된다. 비틀거리면서도 발걸음은 집으로 향한다. 이런 현상을 심리학자들은 습관대로 움직이는 게 우리의 몸이라고 했다. 습관이 몸에 붙으면 그 행동을 자신도 모르는 사이에, 즉 무의식중에 저절로 하게 된다.

사람의 심리는 생소한 것은 일단 경계심이 생기고, 한번 한 행동은 계속하려고 하는 습성이 있다고 한다. 잠재된 삶의 본능이라는 것이다. 그래서 되도록 좋은 습관이 몸에 배도록 세심한 주의를 기울일 필요가 있다. 그렇지 않을 경우엔 나쁜 습관이 몸에 배게 될지도 모른다.

나쁜 습관은 독성이 있기에 도려 내지 않으면 안 된다. 나의 인생까지 곪게 하고 결국 힘들게 만든다. 나쁜 습관은 반드시 고쳐야 한다. 물론 한번 굳어진 습관을 고친다는 게 쉬운 일은 아닐 것이다.

그러나 차근차근 접근한다면 조금씩이나마 고쳐 나갈 수 있게 된다. 설령 의식적이라 하더라도 좋은 습관으로 접근해야 할 필요가 있다. 그렇게 점차 고쳐 나간다면 고쳐진 습관으로 몸에 새겨질 것이다. 그래서 좋은 습관으로 자리매김 할 수 있게 된다.

계획 실행이 쉬워지는 5가지 습관

습관 1 자나 깨나 목표 주제에 빠져 살아라.

《장한몽》이라는 연애 소설이 있다. 거기에 나오는 이수일의 독한 마음 정도는 되어야 한다. 요즘 젊은 사람들이야 어느 정도 알고 있는 소설인 줄 모르겠으나, 사랑에 얽힌 통속적 얘기다. 한때는 연극으로 연출된 적이 있고, 영화로도 제작 상영된 바 있다.

가난한 고학생 이수일, 장안 최고 갑부의 아들 김중배, 그 둘에 얽힌 여주인공 심순애가 등장하는 인물이다. 이수일과 백년해로를 약속했던 심순애가 아니었던가.

그런데 이수일이 그토록 사랑했던 심순애는 김중배의 다이아몬드를 선택하게 된다. 이수일은 정신이 붕괴돼서 돈 버는 것에 혈안이 되고 만다. 결국 돈밖에 모르는 고리대금업자가 된다는 것으로 이야기는 전개된다.

여기에서 이수일의 정신 상태가 바로 목표 주제에 빠져 살아가는 것이 아닌가 싶다. 꼭 이루어내고야 말겠다는 불타는 복수심, 이런 정도로 깊이 있게 한번 빠져 보자는 거다. 그런 정도라면 내 인생 ○개년 계획이든 무엇이든 못 이룰 일이 없다.

내가 정한 목표에 빠져 살 때 성과를 거둘 수 있다. 독하고 모질게 자나 깨나 목표 주제에 빠져 살아야 된다.

일상생활을 그곳에 맞추고 습관도 그렇게 길들여지도록 유도해 가는 것이다. 그렇지 못하고 산만스럽게 진행하다 보면 이것도 놓치고 저것도 놓치는 우를 범하게 될지도 모른다. 이수일의 독한 마음 정도로 정신을 한군데 집중할 때 큰 성과를 거둘 수 있다.

누가 뭐라던 내 인생 ○개년 계획이 이루어지는 그날까지 독한 마음으로 나서야 한다. 그 어떤 습관도 자기 자신이 들이는 자기 자신의 문제다. 자나 깨나 목표 주제에 빠져 살다 보면 자연스럽게 습관 자체도 그렇게 변해 간다.

습관 2   실행해야만 하는 이유, 그것을 만들어라.

영국의 문학 평론가 존 드라이든은 이렇게 말했다.

"처음에는 우리가 습관을 만들지만 그 다음에는 습관이 우리를 만든다."

그러하듯이 꼭 해야만 하는 일에 서서히 접근하다 보면 그에 젖게 되고 그것이 바람직한 습관으로 발전하게 된다. 이처럼 습관이란 자기가 익히기에 따라 내 생활 패턴의 일부분이 될 수도 있고, 내 것으로 자리 잡도록 할 수도 있다. 그래서 내 인생 ○개년 계획이 왜 나에게 필요한가라는 주제가 명확해져야 한다. 그렇게 되면 자연스럽게 접근이 용이

해진다.

우리가 하는 거의 모든 것은 습관이다. 우리는 수많은 것들을 매일 반복해서 한다. 대체적으로 무의식적으로 이루어지는 일이 많다. 그러한 것들이 우리의 일상생활이다. 우리의 작은 습관들이 하나씩 모여서 지금의 나를 만들고 미래의 나를 만들게 된다.

그러면 일상생활에 내 인생을 위한 성장이 녹아들게 하자면 어떻게 해야 할까. 내 인생 ○개년 계획이 왜 나에게 필요한지. 그 절박감이 무엇인지. 그러한 일들이 선행되어야 한다. 막연히 해 보겠다는 생각만으로는 어렵다.

'이번 기회 아니면 다음은 없다'라는 절박한 심정으로 임해야 한다. 좋은 습관이 더 좋은 인생을 만들어 주기 때문이다. 무리하게 시도하지 않아도 된다. 차츰차츰 물들여지면 내 인생 ○개년 계획도 부드럽게 이행될 수 있게 된다. 바로 그것이 습관화되어 가는 과정이랄 수 있다.

습관 3 좋은 결과를 얻겠다는 조바심보다는 시작하는 데 주력하라.

'우공이산'이라는 고사성어가 있다. 우공이 옮긴 거대한 산이라는 뜻이다. 남이 보기엔 어리석은 일처럼 보이지만 한 가지 일을 끝까지 밀고 나간다면 언젠가는 목적을 달성할 수 있다는 의미이다.

중국 북산에 살고 있는 우공이라는 노인의 집 앞에는 높다란 산이 하나 있다. 그 노인은 생활에 지장을 준다는 이유로 산을 다른 곳으로 옮기기로 했다. 손수레 하나만으로 일을 시작했다. 성과가 있을 리 있겠냐마는, 모두들 그 성의에 감탄을 하기도 하고, 또한 어떤 이는 어리석음을 탓하기도 했다. 하지만 산신령은 노력하는 그 마음이 기특하여 그 산을 다른 곳으로 옮겨 주기로 했다는 얘기다.

어떤 일이든 끊임없이 노력하면 이룰 수 있다는 교훈적 고사 성어다. 강한 집념이 큰 성과를 거둘 수 있다는 의미다. 큰 뜻을 품고 끈기 있게 일을 추진하다 보면 좋은 결과를 보게 되는 것이다. 좌절하거나 포기하는 일 없이 우직하리만치 한번 해 보면 된다.

이루겠다는 마음이 지극하다면 조바심 낼 필요는 없다. 차근차근 또 꾸준히 꿋꿋하게 해 보면 되는 일이다. 처음부터 큰 성과를 내겠다는 욕심이야 이해되지만 그래선 끝을 보기 힘들 수도 있다.

우선 차분하게 일을 진행해 나가는 자세가 필요하다. 내 인생 ○개년 계획도 다를 바 없다. 그러면 시간에 쫓기지 않고 자연스럽게 동화될 수 있다. 그래서 더 큰 도전과 더 빠른 발전에 필요한 추진력을 얻게 된다. 작은 습관을 실천하다 보면 목표를 이루어낸 나 자신을 발견하게 될 것이다.

습관 4 실행하는 데 많은 관심과 시간을 가져라.

내 인생 개발이라면 지루하게 느껴질 수도 있다. 그를 위해 ○개년 계획을 세운다면 더더욱 그럴 수도 있다. 기나긴 기간이다. 한두 달 만에 끝나는 일과는 성격이 다르다. 은근과 끈기가 요구되는 일이다. 잠시 방심하게 되면 이전으로 되돌아가고 말기 때문이다.

그렇게 되면 계획 자체가 아무런 의미가 없다. 많은 관심과 시간을 할애해야만 어느 정도 성과를 거둘 수 있다. 더 나은 내일을 위해 계획을 세웠다면, 분명 마음가짐도 그와 맥을 같이해야 한다. 그렇다면 어떻게 해야 그게 가능할까.

관심도 더 가지고 더 힘을 내서 열심히 해 보는 거다. 흔히들 습관은 제2의 천성이라고들 한다. 하루 이틀 그렇게 은근과 끈기로 이어갈 때 지속적인 실행이 되는 것이다. 그게 바로 습관으로 이어질 수도 있는 일이다.

우리나라 꽃 무궁화에서도 강한 정신을 볼 수 있다. 7월에서 10월 사이에 날마다 피고 지고, 그렇게 피고 지고를 거듭한다. 장맛비가 내릴 땐 축 처진 모습이 애처롭기도 하다. 그러나 끈질기게 견디며 보란 듯이 기운을 차리게 된다. 활짝 피어나는 꽃을 가을이 될 때까지 보여준다. 그래서 꽃말도 은근과 끈기, 일편단심이다. 우리나라 꽃 무궁화가 우리의 정서이듯, 그 정신이 필요하다.

은근과 끈기를 가지고 꾸준히 밀고 나가면 반드시 나 자신의 꿈을 이룰 수 있다. 그렇게 습관을 들이는 첫걸음은 마음을 확고하게 다잡는 일이다. 흐트러질 만하면 다시 마음을 다잡고 그렇게 반복하면 된다.

무궁화처럼 은근과 끈기를 갖추면 반드시 이루어진다. 많은 관심과 시간을 가지는 자가 반드시 이긴다. 내 인생 ○개년 계획은 바로 그런 습관이 필요하다.

습관 5   실행하다 지치면 포기하지 말고 다시 시작하라.

멈춘다는 것은 정지가 아니라 퇴보를 의미한다. 주저앉는 사람이 있건, 다시 일어나는 사람이 있건, 그런 것에는 아랑곳없이 그냥 흘러가는 게 세월의 속성이다. 그러니 여기저기 기웃거릴 때가 아니다.

이루고자 하는 내 인생 ○개년 계획에 전심전력을 다해야 한다. 그래야만 성과를 거둘 수 있다. 자연 현상에서도 그런 것을 볼 수 있다. 배울 점이 많다. 길이 막혀도 가야 할 곳이 있는 연어는 물결을 거슬러 올라간다.

매년 10월이면 양양에서는 연어 축제를 연다. 지난해 그날도 인파로 넘쳐났다. 남대천은 오대산 부연동 계곡에서 발원해 동해로 들어가는 강이다. 이곳에서 부화된 어린 연어는 강줄기를 따라 동해를 거쳐 큰 바다에서 지내게 된다.

바다에서 놀던 연어는 알을 낳을 때쯤이면 자신이 태어난 강을 다시 찾아간다. 회귀본능이다. 강으로 돌아갈 때의 모습은 실로 놀라울 따름이다. 오직 가야 할 목적지를 향해 멈추지 않고 계속 앞으로 나아가는 것이다. 인생살이라고 해서 다를 바 없다.

오직 내 인생 ○개년 계획에 온갖 힘을 다 기울여야 한다. 가다가 엎어지는 한이 있더라도 목표를 향해 가야 한다. 엎어지면 툭툭 털고 일어서면 된다. 멈추지 말고 날마다 조금씩 나아가야 한다. 물론 쉬운 일은 아닐 것이다.

'이 정도만 해도 괜찮아.' 이런 생각으로는 곤란하다. 작은 일에 안주하는 사람은 보다 큰 뜻을 이룰 수 없다.

숱한 고난과 역경이 길을 막아도 가야 할 길이 있다면 멈추지 말고 가야 한다. 설령 가다가 넘어지는 일이 있더라도 훌훌 털고 일어나 다시 실행을 해야 한다. 그러면 자연스럽게 그러한 습관으로 길들여지게 된다.

훌륭한 습관이 훌륭한 미래를 연다

누구나 아름다운 삶을 희망한다. 그리고 성공하기를 바란다. 성공한 사람들의 자서전이나 경험담을 보면 하나 같이 좋은 습관을 지니고 있음을 알 수 있다. 그들은 자신이 할 수 없는 일에 집착하거나 헛된 일에 반응하지 않았다.

그 대신, 할 수 있는 일에 집중하는 습관을 가지고 있었다. 뚜렷한 목표가 있고 전심전력으로 열정을 쏟아붓는 투지가 있었다. 좋은 습관이 이루어낸 생활 태도다.

여기 그러한 위인이 있다. "내 사전에 불가능이란 없다"로 잘 설명되는 나폴레옹이다. 그는 강력한 지도력의 소유자다. 할 수 있는 일에 집중하는 습관을 가지고 있었던 것이다. 그는 오합지졸의 군대를 단 며칠 만에 최정예 부대로 변화시키는 탁월함이 있었다.

뛰어난 능력으로 유럽의 절반을 재패하는 성과를 거두었다. 프랑스 구국의 영웅이 된 것이다. 그러면 그들의 좋은 습관은 어떻게 생활화되었을까. 잘못된 습관의 벽을 넘는 노력을 기울인 결과일 것이다. 좋은 습관이 가져다주는 값진 경험을 몸소 깨달은 결과다.

분명한 것은 훌륭한 습관이 훌륭한 미래를 연다는 사실이다. 내가 잘할 수 있는 일을 좋은 습관으로 승화시켜 보자. 그리고 나쁜 습관은 과감하게 고쳐나가는 것이다. 소극적인 태도로 방치하게 되면 평생을 붙어 다니면서 발목을 잡게 된다.

스스로 변하지 않고서 아름다운 삶으로의 변화를 기대할 수는 없다.

좋은 습관을 갖도록 정성을 기울어야 한다. 소극적인 대처보다는 적극적이고 진취적인 태도라야 된다. 굳은 결심만 있으면 변할 수 있다.

이제 변화된 모습을 가져 보자. 변화한 만큼 더 많은 희망을 얻을 수 있다. 좋은 습관으로 최종 목표를 향해 나아갈 때 아름다운 삶이 나 자신을 기다리고 있게 된다.

자제력 높이기

사람들은 누구나 상황에 맞게 자신을 제어해야 한다는 사실은 알고 있다. 그러나 순간적으로 욱하는 성질 때문에 일을 그르치는 경우를 가끔 보게 된다. 사소한 말다툼이 큰 싸움으로 번지게 되는 경우가 있다.

그렇더라도 장래의 큰 이익을 위해서라든가, 참아야 할 일이라면 지금의 작은 감정은 억누를 줄 알아야 된다. 일순간의 만족을 추구하는 대신에 일을 그르치지 않는 길을 택해야 한다는 뜻이다.

살다 보면 스스로 감정을 통제해야 할 일이 생길 때가 있다. 조금만 참으면 되는 일에도 평정심을 잃고 일을 크게 만드는 게 문제다. 부동산 중개업에서도 그런 경우를 보게 된다. 공인중개사 업무는 거래 알선을 위해 고객과 상대하는 서비스업이다. 추진 과정에서 언짢은 일이 생기더라도 자제력을 잃어서는 안 되는 업종 중의 하나다.

어느 날 우리 공인중개사 사무실에 고객이 찾아 왔었다. 몇 건의 물건을 보여줬다. 그중에 한곳이 마음에 든다고 해 며칠 후 계약서를 작성하기로 했다. 매도인과 매수인이 사무실에 모여 매매 계약서를 작성하려는 중이었다. 그런데 매도인이 슬며시 "집을 팔려는 사람도 중개 수수료를 내야 하느냐"며 딴청을 부리고 있었다. 갈수록 터무니없고 허세가 심했다.

더 이상 진척이 안 되는 상태가 되었다. 이를 받아들이지 못해 맞대응을 하게 되었다. 이럴 때일수록 평정심을 찾아야 되는데, 그만 언짢은 소리마저 나오게 되었다. 이에 당황한 매도인이 "여기 아니면 부동산 사무실이 없냐"면서 매수인에게 같이 나가자는 시늉을 한다. 그리고 문밖으로 휭하니 나가 버리는 게 아닌가.

눈치를 보던 매수인도 슬금슬금 뒤따라나간다. 어처구니없다. 그저 혼란스럽기만 할 따름이다. 대체적으로 중개 수수료 문제로 다투는 일은 흔한 일은 아니다. 어쩌다 그런 경우가 있을 수 있다. 이럴 때 기분이 많이 상하더라도 평정심을 잃지 않는 대처 능력이 필요하다.

자제력의 근본은 나 자신의 욕망을 다스림에 있다. 나 자신이 슬기롭게 대처하지 못한 결과일 뿐이다. 슬기롭게 웃어 가며 받아낼 수 있는 요령이 필요한 것이다. 어떤 일이든 내 맘대로 안 될 때는 한발 물러서는 것도 하나의 방법이 될 수 있다. 다소 늦더라도 수수료는 받게 되는 것인데, 그 순간의 감정을 이겨 내지 못해 일을 크게 만들고 있는 것이다. 자제력을 키우는 길은 조금 더 견디는 데 있다. 욕심을 조금 덜어 내고 마음의 평정심을 가져야만 할 일이다.

자제력이란 헛된 욕망으로부터 나를 지키는 힘이다. 그래서 자제력은 위기의 순간에 평정심을 유지하게 만들어준다. 이러한 능력을 일상생활에 활용한다면 그게 바로 자제력을 키우는 길이 된다. 자제력이 다소 부족하다 하더라도 누구든지 학습으로 습득할 수 있는 마음의 문제임에는 틀림이 없다.

고정관념을 깨면 기회가 온다

간호사 하면 여자를 생각하게 되고, 권투선수 하면 남자를 생각하게 된다. 그것은 바로 고정관념 때문이다. 고정관념이란 사람들이 행동을 결정하는 잘 변하지 않는 굳은 생각을 말한다. 즉 어떤 사실이 당연하다고 믿게 되는 마음이다.

찢어진 청바지 하면 젊은 청춘이 떠오르는 것도 그런 의미일 것이다. 그런 관념을 깨고 지난해 추석 전날 가수 나훈아는 KBS에 청바지 차림으로 등장했다. 오랜만에 그가 나온 중계방송을 보게 되었다.

70세를 넘긴 나이임에도 젊은이가 무색할 정도로 찢어진 청바지, 뛰어난 패션 감각, 힘에 넘치는 가창력이었다. 피아노라든가 기타 연주 등 장르를 가르지 않는 공연이 좋았다. 나이를 의식한 지나친 표정에서 다소 느끼한 느낌을 주는 것은 옥의 티라는 느낌이 있었다.

가수 나훈아만큼 많은 애창곡을 가진 가수는 드물다. 아리따운 가수

김용임도 있고, 요즘 한창 뜨는 신인 가수들도 많지만 그래도 가수하면 나훈아. 어찌 보면 내가 이런 생각을 가지는 자체가 고정관념에 얽매인 생각일 수도 있다. 우리가 안고 살아가는 대부분은 고정관념 때문에 생기는 경우가 많다. 아무 생각 없이 지내다 보면 고정관념에 이끌려 가게 된다.

그래서 고정관념에서 벗어나 생각을 달리해야 할 때는 달리할 필요가 있다. 이렇듯 우리는 통념에 사로잡혀 무딘 생활에 갇혀 있어서는 곤란하다. 때로는 고정관념에서 벗어나 새로운 도전을 하는 것이 바람직한 일이 될 수도 있다.

고정관념을 깬다는 것은 결국 생각의 차이다. 풀리지 않는 문제나 어려운 과제도 생각을 조금만 바꾸면 새로운 가치를 창출해낼 수 있다.

심리적 장애물을
뛰어넘어라

심리적 장애물에서 벗어나려면 매사에 긍정적이어야 한다. 긍정적 사고가 희망찬 삶을 만든다. 그렇다면 어떻게 긍정적 사고를 내 인생 ○개년 계획에 안착시킬 수 있을까. 자학적인 감정을 허용하지 않겠다는 단호한 의지가 필요하다.

즉 '내 인생 ○개년 계획을 제대로 이행할 수 있을까'라는 생각을 버리라는 거다. 나 자신이라는 존재는 결코 뭔가 부족하지도 않고, 뭔가 잘못되지도 않은 존재다. 내 마음에 있는 자조 섞인 생각들은 삶에 전혀 도움이 되지 못한다.

나는 꼭 이루어낼 수 있다는 마음가짐이 곧 긍정의 힘을 이끌어낸다. 내가 하고자 하는 일에만 초점을 맞추면 된다. 그들이 할 수 있다면 나도 할 수 있다는 마음가짐이 필요하다. 나 자신은 생각보다 훨씬 더 높은 재능을 가지고 있다는 것을 깨달아야 한다. 이렇듯 긍정적 마음으로 생활을 하면 당연히 심리적 장애물을 거뜬히 뛰어넘을 수 있다.

내 인생에 전적으로 책임을 지고 주인 된 마음으로 현재에만 몰두해 보라. 내 마음이 밝아지면 그것으로 충분하다. 마음이 편안하고 기쁨이 온다. 자신감이 생긴다.

시련에 무릎 꿇지 말라

우리의 삶은 좋은 일도 있을 수 있고, 괴로운 일도 있을 수 있다. 항상 좋은 일만 있을 수는 없다. 목표를 달성하는 과정에는 수많은 도전도 있고, 거듭된 실패도 있기 마련이다. 그 과정에서 어떤 사람은 성공하는 경우도 있고, 어떤 사람은 실패로 이어지는 경우도 있다.

실패를 보게 되면 가슴 아픈 일이 아닐 수 없다. 때로는 절망스럽기도 할 것이다. 문제는 크든 작든 실패에 대해 어떤 태도를 취하느냐이다. 중요한 것은 실패했다는 사실이 아니라 낙담하거나 포기하지 않고 다시 일어설 수 있느냐에 달려 있다.

몇 년 전 황당한 일을 부동산 사무실에서 겪은 일이 있었다. 상가 주택을 가진 고객이 사무실에 들렀다. 4층 건물 중 1층이 식당인데 손님이 별로 없다고 한다. 주차 공간이 부족해서 장사가 잘 안 된다는 거다. 그래서 뒷집을 구입해서 헐고 주차 공간으로 이용했으면 했다. 뒷집이 워낙 낡은 집이라 그런 생각을 했다고 한다. 본인이 직접 나서면 뒷집에서 많은 금액을 요구할 것 같으니, 부동산 사무실에서 추진해 달라는 부탁이다.

뒷집을 여러 번 왕래한 끝에 겨우 팔겠다는 승낙을 받아 내기에 이르렀다. 상가 주택 주인이 다행이라며 계약을 하겠다고 했다. 다만 금액을 조금 더 내려 주면 좋겠다는 것이다. 다시 뒷집을 몇 번 더 설득한 끝에 매매 금액도 성사되었다. 뒷집은 팔릴 것을 대비해 옮겨갈 다른 집까지 확인한 상태다.

그랬던 일들이 상가 주택 주인의 미지근한 태도로 진척이 없다. 결국엔 없던 일로 하자며 미안하다고 했다. 난처한 것은 일을 믿고 추진했던 공인중개사의 몫이 되었다. 그렇듯이 업무 추진 과정이나 일상생활에서 예기치 못한 일들이 일어날 수도 있다.

이럴 때 대처할 수 있는 역량이 있느냐, 없느냐의 문제는 오로지 자신에게 달려 있다. 역량이 부족하면 압박감은 더욱 가중되고 만다. 하지만 정서적으로 강인한 사람은 감정을 다스리며 고난을 헤쳐 나간다. 다시 일어서는 힘이 있다.

그래서 역량이 커지는 것은 물론이고, 잠재력을 완전히 발현하는 경지에 더 가까이 다가서게 된다. 미국의 저명 칼럼니스트 앤 랜더스는 말했다.

"만약 힘든 고비에 부딪히게 되면 턱을 높이 들고 정면을 응시하라. 그리고 이렇게 말하라. 역경, 나는 너보다 강하다. 너는 결코 나를 이길 수 없다."

그는 역경에 부딪혀 괴로워하는 수많은 사람들에게 희망의 메시지를 전해온 인생 상담 전문가이다. 그는 역경과 시련이 눈앞에 닥쳐올 때 두려움에 움츠러들지 말라고 했다. 설령 근심과 걱정이 밀어닥친다 해도 떨고 있는 약한 모습을 결코 보이지 말라고 했다. 두렵고 무서워도 이겨낼 수 있다고 스스로에게 다짐을 하라고 했다. 그렇다. 우리는 어떤 어려움도 이겨낼 수 있다. 이까짓 것쯤은 아무것도 아니다. 이렇게 굳게 마음을 다져야 한다. 물론 힘이 든다는 생각을 할 수 있다. 노력을 기울여도 성과가 없다는 푸념을 할 수도 있다. 그러나 절대로 좌절해서는 안 된다. 설령 나쁜 일에 부딪혀도 열심히 노력하게 되면 좋은 기회로 만들 수도 있다.

어떤 것이든 자기하기 나름이기 때문이다. 지금의 이 시련을 겪어내고 이겨 내기만 한다면 더 강해진다. 아무도 대신할 수 없는 내 인생, 오늘도 지치지 않고 하는 일에 매진하는 그런 사람이 되어야 한다.

우리는 과거도 미래도 아닌 오늘, 지금을 살아가는 인생이다. 시련, 그 따위 일에 결코 무릎 꿇지 않아야 된다.

독해지는 것도 실력이다

공인중개사 사무실을 운영하다 보면 여러 사람을 대하게 된다. 대체적으로 선량하고 일반적인 고객이 대부분이다. 그런데 어쩌다 그렇지 못하고 뻔뻔스럽고 독한 사람을 만나는 경우도 있다.

몇 년 전 매매 계약을 한 고객이 그렇다. 일주일 전 체결한 매매 계약서를 다운 계약서로 다시 작성하자며 계속 치근대는 매도인이 있었다. 정중히 다운 계약이 안 되겠음을 알려 주었다. 그랬더니 부동산 처음 해 보냐며 계속 빈정거리고, 건네는 말끝마다 안하무인격이다.

계약을 체결한 그 물건은 제시한 금액에 비해 그리 좋은 주택은 아니었다. 생각보다 높은 가격으로 나온 집이다. 1층은 상가, 2층과 3층은 낡은 일반 주택이다. 우리 부동산에서 몇 번 고객에게 보여 주었으나 별로 마음에 들어 하는 고객이 없었다. 다른 부동산 사무실에서도 몇 번씩 보여 주었으나 다 같은 반응이었다.

그런 물건이었는데, 마침 상가 주택을 찾는 사람이 있었다. 다 임자가 있기 마련인가 보다. 몇 번 가격 절충 끝에 어렵게 계약이 성사되었다. 그날 계약서 작성, 계약금 지불까지 마치고, 중개 수수료는 나중에 계산하기로 했다.

며칠이 지난 후 상가 주택 매도인이 매수인을 데리고 우리 부동산엘 다시 찾아 왔다. 당사자끼리는 서로 합의가 되었다고 했다. 당초 계약서는 없던 것으로 하고, 다운 계약으로 계약서를 다시 작성하자는 것이다.

가격 차이가 너무 많이 났다. 누가 봐도 의심의 여지가 있는 금액이다. 그렇게는 안 되겠음을 알기 쉽게 설명했다. 그래도 막무가내다. 결국은 합의점을 찾지 못하고 계약은 파기하고 말았다. 중개 수수료는 줄 수 없으니 그리 알라며 나갔다.

매도인과 매수인이 직거래 형태로 하거나, 알고 지내는 다른 공인중개사나 법무사를 통해 계약서를 다시 작성하려는 심산인지 모를 일이다. 이러한 경우 중개 수수료를 받지 않은 상태라도 수수료를 청구할 법적 근거는 있다. 못주겠다고 버티면 법원에 소액 청구 소송 등으로 가능하다. 번잡스러움이 있고 시일이 다소 걸리는 불편함이 있을 뿐이다.

중개업이라든가 서비스업을 하려면 뻔뻔스럽고 독한 마음이 있어야 한다. 어떻게 하면 상가 주택 매도인처럼 뻔뻔하고 독해질 수는 없을까.

독해지는 능력은 남이 가져다주는 것이 아니다. 스스로 키우는 길 밖에는 달리 방법이 없다. 독하다는 것은 그러한 마음을 가질 때만이 가능하기 때문일 것이다. 상대방이 뻔뻔스럽고 독할 때는 함께 뻔뻔스럽고 독해져야 한다, 그래야만 대등한 위치에서 힘겨루기를 할 수 있다. 독해지는 것도 업무 능력만큼이나 갖추어야 할 실력이다. 실력이 없으면 비참한 삶이 기다리고 있을 뿐이다.

우리는 어떤 문제에 부닥치면 회피하려 들고 때로는 눈 감으려 들지만 맞서 견딜 수 있는 힘을 길러야 한다. 그것은 어찌 할 수 없는 우리네 생활상이며 눈앞의 현실이다. 내 인생의 아름다운 미래를 위해서라도 독해져 볼 필요가 있다.

오늘에 집중해야 승산이 있다

지나간 일을 후회하며 괴로워한들 결국 정신적 피로감만 쌓여 간다.

대체적으로 자신이 원하지 않았던 삶을 살았던 것에 대해 자책감을 느끼게 되거나, 내 주장을 드러내지 못했던 것에 대해 후회를 하는 경우가 많다.

우리는 후회하는 인생에서 어떻게 하면 벗어날 수 있을까. 그러한 고민의 시발점은 과거에 있다. 고민에서 벗어나겠다는 뜻은 과거를 잊어보겠다는 의미가 된다.

다시 말해 오늘만이 있을 뿐이라는 생각이 가장 중요하다. 오늘 아니면 더 이상의 방법은 없다는 생각에 깊이 들여다볼 필요가 있다. 최악의 결과가 나온다 해도 오늘의 삶에 최선을 다하겠다는 마음의 각오를 받아들이면 그때부터 과거를 잊을 수 있을 것이다.

지나간 일은 훌훌 털고 일어날 때 오늘을 볼 수 있다. 이미 끝나 버린 일에 미련을 두어서는 이룰 수 있는 일은 없다. 오늘을 즐기며 희망찬 내일을 맞이한다면 그게 바로 오늘을 현명하게 사는 길이 될 수 있다. 지금 나 자신이 보내고 있는 그 순간들이 바로 오늘인 것이다.

언제든 내가 맞이하는 순간은 항상 오늘이다. 어찌 보면 내 일평생이 바로 오늘의 연속이 되는 것을 의미하는지도 모를 일이다. 결국 내일도 미래의 오늘이 되는 것이다. 오늘이 쌓이고 쌓여서 생을 다하는 그날까지 이어지는 것이다.

과거라는 허울은 벗어 버리고, 바로 오늘이라는 삶의 틀 안에서 즐기며 살아가는 것이 가장 바람직한 일이다. 그러니까 문제는 바로 오늘부터다.

우리가 통제할 수 있는 시간은 현재 내가 가지고 있는 현재의 시간 바로 오늘이다. 오늘을 어떻게 만들어 갈 것인가는 전적으로 나 자신에게 달려 있다.

운명도 위대한 정신을 꺾지 못한다

작명원을 운영해 본 적이 있다. 어느 날 퇴근 무렵, 잘 알고 지내던 노년의 부부가 손자 이름을 하나 지어 달라고 사무실에 들렀다. 건강하게 오래 살고, 돈도 많이 벌고, 좋은 이름으로 부탁한다며 얘기가 아주 장황스럽다. 이름을 지어준 며칠 후 상품권을 여러 장 가지고 왔다.

몇 장은 받고 나머지는 돌려주느라 오히려 내가 장황하게 얘기하게 되었다. 이름은 나를 대표하는 또 다른 나의 분신이랄 수 있다. 그래서 부르기 좋고 부드러워야 한다. 그 범위 내에서 사주 구성과 오행을 보충해서 짓게 된다.

좋은 이름이라는 이미지가 아이에게 좋은 기운을 깃들게 한다. 좋은 기운을 가진 이름으로 불려질 때 행복한 운명의 주체가 될 수 있다. 그렇게 믿는 것이 중요한 일이다. 그런 마음의 여지를 두는 게 행복의 길임을 들려주었다.

이름이 운명을 좌우하는 것은 아니다. 그보다는 태어날 때부터 아이에게는 위대한 정신을 가지고 태어났다. 이름은 단지 정신을 이끌어 주는 역할을 하는 것이다. 운명도 위대한 정신을 꺾지는 못한다.

우리에게는 사용하기만 한다면 해낼 수 있는 강한 잠재의식이 있다. 그것은 우리가 생각하는 것보다 더 강하게 나타난다. 환경 자체가 우리를 행복하게 하거나 불행하게 할 수는 없다. 그러한 사실은 성공한 사람들의 공통된 견해다.

내 운명은 내가 개척해 나가야 한다. 자연이 나에게 주어진 위대한 정신을 최대한 활용하라는 뜻이다.

사용하기만 한다면 언제 어떤 일이라도 해낼 수 있는 강력한 힘이다. 운명은 고정된 것이 아니라 개인의 노력에 따라 얼마든지 달라질 수 있다. 그래서 위대한 정신이 제 힘을 발휘할 수 있도록 주변 여건을 갖추어 주는 게 더더욱 중요한 일이 된다.

21

CHAPTER 5

누구나
장벽에
부딪힌다

방해 요소 제거하기

제4장까지 그대로 실행했는데도 진척이 없다면 나 자신을 되짚어볼 필요가 있다. 업무 추진에 있어 무엇이 나에게 걸림돌이었는지 생각해 봐야 한다.

어떤 나쁜 습관이 나를 무디게 하는 것은 아닌지, 나쁜 습관에도 공략할 부분은 반드시 있다. 거대한 댐도 작은 구멍에 의해 무너지듯 오래되고 강철처럼 굳어진 습관도 작은 변화로 바뀔 수 있다.

지금 하는 일에 성과가 없다면 그것은 엉뚱한 해결 방안으로 시간과 에너지를 허비하고 있기 때문이다. 어떠한 것들이 나쁜 습관으로 나를 괴롭히는지, 일을 더디게 하는지, 또는 게으름을 가져오게 하는지, 한번 살펴보는 게 좋다.

그러한 것들이 업무 추진을 피하게 만드는 주범이다. 밝혀진 나쁜 습관 중에서 작은 습관부터 제거해 나가는 게 바람직하다. 쉬운 것부터 하나하나 제거하다 보면, 조금이나마 일에 관심을 가지게 된다.

일에 관심을 가지게 됨으로 인해 흥미를 불러올 수 있는 것이다. 흥미가 유발된다면 자연스럽게 해결 방안의 실마리는 풀린다.

해결되지 않는 문제는 없다

누구든 어떤 일이든 아무 탈 없이 진행되는 일은 없다. 크고 작고의 차이일 뿐 문제가 생겨나기 마련이다. 나에게만 있는 게 아니다. 어느 누구에게나 일어나는 자연적 현상이다. 정신을 차리고 차근차근 살펴보면 반드시 길이 보인다.

우선 장애물이 자기 자신의 내부에 있는지, 아니면 주변 상황에 있는지, 상황 파악이 중요하다. 자기 마음에 있는 장벽이라면 심리적 안정이 요구된다. 어떤 일을 할 수 없다고 생각하면 절대 할 수 없는 지경에 이를 수도 있다. 가장 무서운 장애물은 바로 내 마음에 있기 때문이다.

외부 환경에 있는 장벽이라면 긍정적 목표로 접근하거나 또 다른 방법을 찾아 합당한 가능성을 찾으면 된다. 장애물이 명확해지면 여러 곳에서 해결책을 유추해 볼 수 있다.

몇 년 전, 부동산 사무실에서 그러한 문제점에 부딪힌 적이 있었다. 할머니 한 분이 큰 아들과 함께 상가 주택을 팔겠다고 사무실에 들렀다. 할아버지 명의로 되어 있는데 할아버지는 이미 돌아가셨고, 아직 상속 등기는 되어 있지 않은 상태다. 슬하에 자녀가 4명이라고 했다. 그럴 땐 상속 등기가 되어 있어야 된다고 일러 주었다. 그리고 구비 서류를 준비하라고 얘기해 줬다. 그 후 상가주택을 매수하려는 고객이 있어 연락했더니 서류 준비가 되었다고 해서 매도인과 매수인이 모여 계약서를 작성하기로 했다. 그런데 했던 얘기와는 달리 매도인이 서류를 미처 준비하지 못했다는 거다. 다만 호적 등본을 가져 와서 본인이 망자의 아들이라며 믿어달라고 했다.

본인이 일인 상속하기로 동생들과 합의되었으니까 믿고 계약서를 작성해 보자고 했다. 그러나 공동 상속일 경우가 생기면 계약 당사자가 달라진다. 그런데도 매도인과 매수인은 이왕 모인 김에 계약서를 작성하자는 눈치다. 어떤 방법이 없겠느냐며 가계약 금이라도 걸겠다고 한다. 매도인이나 매수인이 너무 수월하게 생각하는 것 같다. 고심 끝에 각서를 쓰고 가계약 금을 넣기로 서로 합의를 했다.

서류를 제출하기로 한 그날, 아무 연락이 없다. 또 며칠이 지나도 아무런 소식이 없다. 동생들 설득 과정에서 약간의 의견 차이가 있었다고 했다. 그러기를 또 몇 주일이 흘렀다. 이제는 매수인도 다급해졌다. 사무실에 들른 일이 잦아졌다.

많은 것을 느끼게 하는 일들이었다. 그러기를 또 몇 개월 더 날짜 연기가 있고서야 계약이 성사되었다. 그렇게 되기까지의 과정이 정신적으로 힘들었다. 누구에게나 나름의 문제가 생길 수 있다. 생각해 보면 그 문제가 해결하기 힘들 만큼 어려워서 그런 게 아니다. 그러한 문제의 발생 여지를 감지하고서도, 진행했다는 것에 문제가 있는 것이다. 외부 환경에 의한 문제 발생이라면 어떤 곳에 문제 발생의 소지가 있는지 살펴봐야 된다.

그래서 그에 합당한 조치를 사전에 명확히 해두면 해결책이 될 수 있다. 우선 편하다고 해서 서두를 일이 아니다. 어떤 일이든 충분히 생각하면 해결되지 않는 문제는 없다.

힘들고 어려운 문제가 앞을 막거든 자신의 마음을 키워 보자. 그 힘은 내 안에 있다. 정신 차리고 적극적으로 나설 때 가능해진다.

스트레스 해소하기

옛날에 청룡열차라는 놀이 기구를 타본 적이 있었다. 약 40여 년 전의 일이다. 원주에서 가족과 함께 열차를 타고 서울 청량리역으로, 또 시내버스를 몇 번 갈아타고 어린이 대공원엘 간 적이 있었다.

순수하고도 좋았던 세월이었는데, 벌써 할아버지 소리를 듣게 되었다. 어린이 대공원엔 아이들의 관심의 대상인 청룡 열차라는 놀이 기구가 있다. 한참 차례를 기다린 후 몇 바퀴 돌고 내려왔다, 타고 내려온 후의 이용객들 표정은 다 각각이었다.

어떤 사람은 롤러코스트를 타는 것이 기분을 돋운다고 느끼고, 어떤 사람들은 무섭다고 느낀다. 중요한 것은 어떤 일이 일어났는가가 아니라 일어난 일을 어떻게 인식하는가이다. 타고 내린 사람 모두가 그 일로부터 어떤 느낌을 받았을 것이다.

스릴이 있어 기분이 좋다는 사람은 좋은 경험을 한 것이고, 무섭다는 사람은 나쁜 스트레스를 받은 것이다. 스트레스를 받는 수준은 개개인의 성격과 나에게 일어나고 있는 일에 대한 주관적인 해석에 달려 있다. 나의 성격을 바꿀 수 없다면, 긍정적인 자세를 가짐으로써 인식을 바꿀 수 있다.

긍정적인 자세는 스트레스를 줄여주는 최상의 무기가 된다. 누구에게나 올 수 있는 스트레스, 그것을 어떻게 관리하느냐가 문제다. 내 인생 ○개년 계획, 그것을 스트레스로 받아들이느냐 아니면 성공을 위한 희망으로 받아들이느냐는 순전히 나 자신의 인식에 관한 문제다.

무언가를 열심히 하면 즐겁고 효과적인 수단이 될 수 있다. 그렇지 못하고 작은 일에도 걸핏하면 스트레스를 받는다고 하는 사람은 결코 바람직한 태도가 아니다. 가까운 예를 보면 우리 주변에 돈이 많다고 하는 사람들이 더 극심한 스트레스에 시달리는 경우를 볼 수 있다.

돈이 많아도 자신의 능력 이상으로 살면 그 자체가 스트레스가 되기 때문이다. 그런 사람들이 질병에도 자주 걸린다. 비록 가진 게 부족하더라도 오순도순 즐겁게 사는 사람들이 더 행복하게 살고 있는 것을 볼 수 있다. 이처럼 오직 내가 어떻게 인식하느냐에 달려 있다는 것을 명심해야 한다.

미국의 동기 부여 개발자 캐서린 펄시퍼가 말하기를 "당신이 스트레스를 받고 있다면 한 가지 질문을 하라. '○년 후에도 이것이 문제될 것인가' 만약 그렇다면 해결하려고 노력하고, 아니면 넘어가라"고 했다.

학자들이 주장하는 내용 역시 마음가짐의 문제로 귀결된다. 정신적 안정감이 스트레스 해소에 큰 도움이 됨을 알 수 있다. 내가 어떻게 인식하느냐의 문제다. 그래서 삶에 관심을 쏟고 행복과 만족을 느끼는 마음가짐이 필요하다. 그러할 때 스트레스는 서서히 안정감으로 변해가게 된다.

피로의 원인 제거하기

피로가 누적되면 일이 하기 싫어진다. 누구에게나 마찬가지다. 그럴 때는 그 원인을 제거해야 된다. 날밤을 샜다거나 지나친 과로로 누적된 피로라면 충분한 휴식으로 어느 정도 피로에 지친 독소를 해소해야 한다.

만일 매사에 피로감을 느낀다면 정신적 문제를 한번 생각해 봐야 한다. 정신의학자들은 피로가 대부분 정신적이거나 감정적 사고에서 비롯되는 경우가 많다고 한다. 그것은 우리의 감정이 신체에 신경성 긴장을 일으키기 때문이다.

그래서 지금 내가 어떤 상태로 일하고 있는가를 살펴볼 필요가 있다. 마음이 조급하지는 않은가. 웅크린 자세로 있는가. 미간을 찌푸리고 있는 것은 아닌가. 이 순간에도 정신적으로 쓸데없는 긴장을 만들어 내고 있을지도 모른다. 그러한 상태를 만들지 않아야 된다는 것이다. 즉 자신의 에너지를 분별없이 낭비하는 일이 없도록 하라는 의미다. 또한 일상생활에서 무리하지 않는 것이 중요하다. 추진하고 있는 내 인생 ○개년 계획은 잠시 덮어놓자.

그리고 정신의학자들이 말하는 대로 한번 따라해 보자. 등을 기대어 앉아 눈을 감고 생각해 보는 것이다. 그 상태에서 심호흡을 하고 의식적으로 긴장을 풀어간다. 근육이나 에너지가 반응하는 것을 느낄 수 있게 된다. 피로를 감소시킬 수 있는 요인이 될 수 있다. 예상 외로 큰 효과를 보게 된다.

긴장 완화와 에너지 생성에는 눈과 심호흡이 큰 역할을 하기 때문에 심호흡으로 하고 긴장을 푼다. 그리고는 하던 ○개년 계획을 다시 시작하면 된다. 이처럼 내가 어떻게 피곤한가에 대한 원인을 제거함으로써 활력에 찬 일상을 찾을 수 있다.

걱정은 만병의 근원이다

해마다 연말연시에는 한해를 되돌아보거나 새해 소망을 글자로 풀어보는 이벤트를 벌이곤 한다. 취업 포털 업체가 성인을 대상으로 '2020년 올해의 사자성어'를 물어 봤다고 한다. 걱정이 많아 잠을 이루지 못한다는 뜻의 전전반측(輾轉反側)이 1위로 선정되었다고 했다. 걱정 때문에 마음이 편치 않은 현대인의 심정을 잘 대변하는 말이다. 그러니 누구에게나 걱정거리는 있다는 뜻과 다를 바 없다. 그렇더라도 걱정에서 헤어나지 못하고 허우적거림이 계속되어서는 결코 안 될 일이다. 혼란 속에서도 조바심만 낼 게 아니라 해결 방안을 모색해야 한다.

그렇다면 무엇을 어떻게 해야 할까. 우선은 상황 파악이 중요한 일이다. 내가 걱정하고 있는 것은 과연 무엇인가. 그것에 대해 내가 할 수 있는 것들은 있는가. 있다면 곧바로 실행은 가능한가. 이렇게 효율적이고 구체적으로 문제의 핵심에 접근할 필요가 있다. 그리고 걱정을 줄일 수 있는 습관을 들이는 게 바람직하다. 결정을 즉시 실행에 옮긴 후에는 그에 맞게 바쁘게 움직여야 한다. 그러면 절망의 늪에 빠질 염려도 없고 긍정적인 활력이 마음속에 있는 걱정을 몰아낼 것이다. 그러자면 사소한 일에는 마음 쓰지 않아야 된다. 사소한 일들이 우리 마음을 어지럽히지 않도록 해야 한다. 불가피한 일이라면 어쩔 수 없겠지만 대수롭지 않은 일에 사생결단을 하다시피 할 때가 문제다.

마음먹기에 따라 재앙이나 비극을 이겨낼 수 있는 힘이 우리에게는 있다. 놀랍고도 강한 나의 잠재의식은 생각 이상으로 강한 면이 있다. 활용하지 못함에 문제가 있을 뿐이다.

슬럼프 극복하기 _____

슬럼프는 대체적으로 체력의 저하나 피로, 의욕 상실 같은 심리적 이유 때문에 생긴다. 답답함을 느끼기도 한다. 내 인생 ○개년 계획은 왜 재미가 붙지 않을까. 시동도 쉽게 걸리지 않는다. 하는 둥 마는 둥 하다가 길이 막히고 왜 이러는지 모르겠다. 그러나 이는 누구나 무슨 일에나 크든 작든 슬럼프는 있기 마련이다. 특히 한두 달도 아닌, 내 인생 5개년 계획에 열정을 투자하고 있는 나 자신이다. 슬럼프에 빠질 때도 될 것이다. 이러한 슬럼프를 성공적으로 극복하기 위해서는 긍정의 마음을 가져야 한다.

답답한 마음을 앞세우기보다는 오히려 잠시 마음의 여유를 가져야 한다. 불안해 하면 할수록 수렁에 빠질 염려가 있기 때문이다. 내 인생 ○개년 계획은 인내력과의 싸움이다. 나 자신도 견뎌낼 수 있는 능력이 있다는 각오가 필요하다. 이름난 성공자들도 포기하다 일어서기를 반복하며 성공한 사람들임을 잊지 말아야 한다.

나를 잡고 있는 것은 무엇인가

나는 진정 행복하게 살고 있는가. 지금 내가 하고 있는 일은 진정 내가 바라는 일을 하고 있는가. 아니면 제대로 되는 일 없이 갈피를 잡지 못하고 있는 것은 아닌가. 그렇다면 과연 나를 잡고 있는 것은 무엇인가.

가끔 깊이 생각에 젖기도 하지만 잡히는 실체가 없다. 그래서 그냥 세월을 보내게 되는 게 우리의 일상인지도 모른다. 그러나 내가 나를 위해 살지 않으면 그 누가 나를 위해 희생해 줄 것도 아니다.

지금까지 지내온 내 삶에서 어느 부분이 잘못되었다면 어떤 부분에서 어떻게 고쳐나가야 되겠다. 그러한 것들은 내가 살피고 내가 해야 할 일이다. 삶에 있어서 타인은 어디까지나 제삼자일 뿐이다.

누구나 막연히 그럭저럭 살기를 바라지는 않을 것이다. 그래서 나를 잡고 있는 것은 무엇이며, 무엇을 어떻게 다듬어야 할 것인지를 살펴봐야 한다. 그렇다면 어떻게 해야 할까.

매일매일의 내 생활상을 그날그날 기록해 나가는 것도 방법 중의 하나가 될 수 있다. 그렇게 기록한 일지를 2년 후부터 분석해 보면 된다. 그 다음부터는 매년 그렇게 분석해 나아가면 그 당시 나를 잡고 있던 것이 무엇인지 훤히 보일 것이다.

매우 유익한 일이 될 수 있다. 본인의 단점이라든지, 무엇을 고치고 어떻게 나갈지를 알고 가게 된다. 그냥 무심히 간다는 것과는 엄청난 차이가 있다. 지난날의 나를 알 수 있는 확실하고도 정확한 방법이다.

기록은 자기반성의 과정이다. 그날의 감정, 못다 이룬 생각, 이룩한 일들, 모든 것들이 다 기록의 대상이 된다. 어떤 기준이나 틀도 없다. 날짜와 내용만 있으면 된다. 일기의 형태보다 한 차원 높은 것으로 생각하면 된다.

열등의식을 버리는 방법

이런 여자가 있다고 가상해 보자. 미장원에 자주 간다거나 화장에 많은 관심을 가진다. 심지어는 등산을 가면서도 짙은 립스틱을 바른다. 쉴 때마다 거울을 보며 화장을 고친다. 이런 경우 예쁘게 보이고 싶은데 뜻대로 안 되면 열등감에 젖게 된다. 그와 반대로 어떤 경우에는 화장을 함으로써 본인이 잘 났다는 생각에 빠지고, 그 또한 우월의식에 젖게 된다. 무엇을 뜻하느냐 하면 이 모든 것이 마음먹기 나름이라는 사실이다. 같은 내용으로도 생각을 달리할 수 있기 때문이다.

대수롭지 않은 일에 남보다 못하다는 열등감에 빠지는 그 마음 자체가 문제다. 열등의식을 갖게 되면 힘이 빠지고 모든 일이 귀찮아진다. 자기 스스로 낮은 자존감에 젖기 때문이다.

열등의식은 자기 자신을 괴롭히는 무서운 마음의 질병이라 할 수 있다. 열등의식은 마음먹기에 따른 것이므로 치유가 가능한 일이라고 볼 수 있다. 그러면 열등의식은 어디에서 출발하는가를 살펴봐야 한다. 열등의식은 다른 사람과 비교했을 때 자신이 뒤떨어졌다거나, 능력이 모자란다고 느끼는 감정에서 나온다.

그렇다면 다른 사람과 비교하는 것을 자제하는 게 중요하지 않을까. 먼저 열등하다고 생각되는 현재의 상태를 있는 그대로 드러내는 것이다. 덮어두면 덮어둘수록 마음의 병이 될 수 있다. '이 정도 가지고 뭘 그래'라는 심정으로 그냥 털어내야 한다.

미국의 유명한 가수 엘비스 프레슬리는 첫 오디션에서 탈락하는 수모를 당했다고 한다. 심지어 다시 트럭 운전이나 하라는 악평을 받았다. 그래도 그런 것에는 전혀 마음 두지 않고 자신이 갈 길을 갔다. 그리하여 대중음악 역사상 가장 영향력 있는 음악가 중 한 명으로 발돋움하게 되었다. 그러하듯이 '나 보다 더 잘난 사람 어디 있냐.' 이런 정도로 주눅 들지 말고 배짱 있는 자세가 필요하다. 내 갈 길이 정해졌다면 그런 배짱이 생길 수 있다.

열등감은 객관적인 원인보다는 주관적으로 느껴지는 감정이다. 객관적으로 볼 때 열등하지 않은 사실에도, 본인이 그렇게 생각하고 있을 따름이다.

이처럼 한심한 일은 없다. 시답잖은 일에 과민하지 말고 훌훌 털고 일어서야 한다. 바로 그때 나 자신의 존재감이 드러나게 된다. 열등감은 그것을 가지고 있는 사람이 해결해야 할 마음의 문제다. 어떤 부분, 극히 일부분을 남들보다 못하다고 해서 자기 자신을 묶어서는 안 된다.

"야, 내가 최고야."라고 한번 힘껏 외쳐 보자.

미국의 정신 의학자 제롬 프랭크는 "모든 정신 장애는 기가 죽어서 생기는 병일 뿐이다. 기를 살리는 것이 모든 치료 방법의 공통적인 요인이다"라고 했다.

기가 죽어서 생기는 병은 다름 아닌 열등감이다. 그것은 모든 정신적 장애의 근본에 도사리고 있는 것이다. 그러니까 흐릿한 정신에 파고드는 습성이 있다는 뜻이다. 정신 바로 차리면 기가 죽을 이유가 하나도 없다. 우리가 사실 부러워하는 대상들을 보면 엄청 행복할 것 같지만 그게 아니다. 그들의 겉은 허세로 포장되어 있다고 보면 무난할 것이다.

없는 걱정 사서 한다는 말이 있다. 다른 사람들의 기준에 맞추려고 하는 사람들이다. 그에 맞추느라 열등감을 느끼면서 자신에게 잘못된 점이 있다는 결론을 내리게 된다. 어디까지나 자기 자신의 생각이다. 제삼자는 전혀 그렇게 느끼지 않거니와 관심조차 없다. 괜히 스스로 주눅 들고 열등감에 사로 잡혀 있을 따름이다.

힘들 때일수록 정신차려야 한다

20대부터 70대까지 다양한 연령층이 창업을 하는 곳이 공인중개사 사무실이다. 2010년 개업할 당시 원주에는 공인중개사 사무실이 400개 정도였다. 그러던 것이 10년 후 지금은 무려 700개 정도로 늘어났다.

매년 개업하는 공인중개사 사무실도 많고, 한편으로는 폐업하는 사무실도 많아졌다. 더구나 원주에 혁신도시가 생기고, 기업도시가 들어서면서 더 크게 작용했을 수도 있다. 그래도 중개업소가 수요에 비해 너무 많은 게 아닌가 하는 생각이 든다.

그러다 보니 업소 간에 경쟁이 치열해지지 않을 수 없다. 어느 업종인들 수월한 곳이 있을까 마는 부동산 중개업은 약간 유별난 편이다. 나 아니고도 널려 있는 게 부동산 사무실인데 체면 차리다가는 항상 2등 신세로 전락하고 만다. 느긋하게 대처하던 나로서도 마음이 조급해지고 있을 때의 얘기다.

개업을 하고 8년쯤 지났을 때의 일이다. 문 앞에 붙여 놓은 토지 매물 광고를 보고 들어온 고객이 있었다. 어느 교회 집사라면서 교회 연수원 지을 땅을 보러 다닌다고 했다. 많은 부동산 사무실 중에 우리 사무실에 들른 것이 고맙기도 했다. 그래서 정성을 다해 브리핑을 했다.

브리핑한 것 중에 먼저 가까운 곳에 있는 토지를 보여 주었다. 마음에 든다고 했다. 차량 진입이 좋고 앞에는 호수가 있고 조용한 곳이다. 더 이상 다른 곳은 볼 것도 없다며, 다음 주에 교회 장로님들을 모시고 오겠다고 했다.

다른 사람에게 보여주지 말라고 당부까지 한다. 그러려면 가계약금이라도 넣는 게 좋지 않겠느냐고 해봤다. 계좌번호 알려주면 입금하겠다며 아주 시원스럽게 행동했다. 명함을 부탁했더니 가진 게 없다기에 전화번호만을 받게 되었다.

한참을 가다 되돌아와서 지갑을 어디 두고 왔나 보다며 난처한 표정이다. 얼마를 빌려 주면 가계약금 입금할 때 함께 입금하겠다는 것이다.

지금까지의 흐름으로 보아 의심의 여지가 없었다. 그래서 그냥 내 주게 되었지만, 며칠이 지나도 감감 무소식이다. 알려준 전화번호는 없는 번호라는 멘트만 울린다. 많은 것을 생각하게 하는 순간이다. 액수가 크지 않아 그나마 다행이었다. 그렇지만 씁쓸한 마음 지울 수 없었다.

어렵고 힘든 일일수록 정신을 차려야 함을 몸소 느끼게 한 사건이었다. 어떤 일이든 하다보면 힘든 경우도 있을 수 있고, 당황스러운 일도 있을 수 있다. 그런데 아직 그러한 것들이 부족한 편이었다.

당황스러운 일이 생길 때 앞뒤 분간하지 못하면 곤란한 일이 생길 수도 있다. 어떤 일이든 힘들 때일수록 정신 바짝 차려야 한다.

마음이 강할 때 해결책이 생긴다

생각이 바뀌어야 한다. 그래야만이 행동이 달라질 수 있다. 마음에서부터 자신감도 없고 이루어지리라는 믿음도 없다면, 꿈은 절대 이루어지지 않는다. 그 꿈을 생생하게 그리면서 목표를 향해 한발 한발 노력할 때 이루어지게 된다.

결국은 모든 게 내 마음의 결정에 의해 이행되는 마음의 문제다. 삶이 다하는 그날까지 내 마음과 결심한 마음들이 이어지는 각오의 연속이라 할 수 있다. 누구든 단단한 각오를 가지고 그 계획대로 하루의 일과를 시작한다. 그래서 마음을 강하게 가지면 강한 의지력이 생기고, 풀이 죽어 있으면 풀이 죽은 대로 삶이 이어진다는 것이다. 자기 자신이 무엇인가를 할 수 있다는 믿음과 신념이 강하면 강할수록 새로운 회로는 거듭 형성된다.

굳은 신념과 열정으로 성공을 거둔 대표적 인물이 미국 제17대 대통령 앤드류 존슨이라 할 수 있다. 그는 캐롤라이나의 가난한 가정에서 태어났다. 어린 나이에 아버지를 여의었고, 너무 가난해 학교를 다니지 못했다.

어린 나이에도 불구하고 양복점의 점원으로 들어가 일을 하기 시작했다. 학교를 다닌 적이 없어 읽고 쓰지도 못했지만 지독한 독학으로 헤쳐 나갔다. 열정이 얼마나 대단했던지 그는 매일같이 자정 넘어 새벽까지 공부를 했다. 마침내 독학으로 주지사에 이어 상원 의원까지 되었다.

여기서 우리가 느껴야 할 점은 대통령으로서의 존슨을 얘기하자는 게 아니다. 지독한 독학으로 이루어낸 그의 신념과 열정을 취하고자 하는 것이다. 굳은 신념과 불타는 열정으로 무장한다면 내가 계획했던 일은 반드시 이루어진다는 것을 보여 주고 있는 산증인이다.

이렇듯이 내 마음이 강하면 어떤 일이든 이루어내는 힘이 생긴다. 아무리 힘든 일이 있더라도 헤쳐 나갈 능력이 주어지게 된다. 지루하다고 느끼거나, 장벽에 부딪히는 것을 두려워하는 것은 나약한 마음의 소산일 뿐이다.

영국의 경제학자 케인즈는 말하기를 "변화에서 가장 힘든 것은 새로운 것을 생각해내는 것이 아니라 이전에 가지고 있던 틀에서 벗어나는 것이다"라고 했다. 그래야 한다. 기존 틀에서 벗어나야 한다. 약한 마음을 버리고 강한 신념으로 내 운명 내가 개척해 나가야 한다.

나도 존슨 대통령처럼 이루어낼 수 있다는 확고한 믿음이 필요하다. 기존 틀에서 벗어나 개척 정신으로 나아가야 한다. 내 인생 ○개년 계획도 그러한 정신으로 임해 보자. 마음을 강하게 가져야 모든 일이 가능하다.

주눅 들거나 마음 약한 상태에서는 해낼 수 있는 일은 없다. 일을 하다 보면 실수를 할 수도 있고 욕먹을 때도 있다. 그렇더라도 늠름하고 당당한 모습을 보여 주는, 그게 바로 강한 신념이며 열정이다. 지금은 이루어낼 수 있다는 강한 마음이 필요할 때다.

컨디션을 올리는 시간 관리 방법

좋아하는 사람과 보내는 1시간은 10분처럼 빨리 지나간다. 그러나 지루한 자리에서는 10분도 1시간처럼 느껴진다. 이것은 시간이 절대적인 것이 아니라 상대적이라는 것을 의미한다. 말하자면 시간은 쓰임새에 따라 그 효용 가치가 달라질 수 있다는 뜻이다.

그렇다면 어떻게 해야 할까. 거창하게 생각할 일이 아니다. 상대적이라는 것은 결국 시간 자체도 내 하기 나름이라는 결론에 이르게 된다.

지금이라는 이 시간을 어떻게 활용할 것인가는 각자에 따라 달라질 수 있다. 바로 그 사항이 중요한 일이다. 내 인생은 오직 지금이라는 이 시간을 어떻게 유용하게 사용할 수 있느냐에 달려 있다.

지금의 이 시간을 잘 활용한다는 것은 그만큼 앞서가는 사람들의 공통된 의식 세계다. 그건 그들만의 전유물이 아니다. 누구나 다 할 수 있다. 지금껏 허비만 해왔다면 지금부터라도 깊이 있게 생각하면 못할 일이 아니다.

그렇다면 터득해야 할 일은 확연히 드러나 있다. 나에게 주어지는 시간을 어떻게 관리하느냐이다. 어떤 방법이 없을까. 뇌 과학자들의 연구 결과를 컨디션 관리에 적용해 보는 것도 방법 중의 하나가 될 수 있다.

즉 뇌 활동이 가장 활발할 때가 바로 컨디션을 올리는 시간 관리 방법이 될 수 있다는 의미다. 뇌의 활동 시간은 아침 기상 후부터 3시간 동안이 가장 왕성하다는 연구 결과가 있다. 그 시간대에 무엇을 하든 가장 능률을 올릴 수 있는 시간이 된다.

그러니까 아침 식사 3시간 전에는 기상해야 효율적인 시간 관리가 되는 셈이다. 그 시간대에 내가 하고자 했던 일을 하면 된다. 기상 시간이 늦어지면 그만큼 알찬 시간대를 놓치게 되고 만다.

그 다음으로는 뇌 회로의 단순화가 뇌의 활동을 활발하게 한다고 한다. 이를 시간 관리 측면에서 한번 보자. 일상생활을 단순화할 때 간단하게 잘 할 수도 있고, 시간도 걸리지 않는다는 의미다.

이것은 거의 온갖 일과 활동에 적용할 수 있는 간단하고도 실용적인 일이다. 우리 주변에는 아직도 시간 낭비가 많다는 것이 입증되고 있다. 요즘 단순하게 생활하는 법, 또는 단순하게 정리하는 법, 이런 유의 책들이 시중에 널려 있는 것을 보면 쉽게 이해할 수 있다.

뇌 회로는 근심 걱정을 할 때 흐름이 둔화된다는 연구 결과도 있다. 그래서 컨디션이 좋아지는 시간 관리를 원한다면 걱정거리를 없애야 한다. 걱정거리는 꼬리에 꼬리를 물고 달라붙는 습성이 있다.

하루의 일을 끝낸 다음에는 그날 일어난 걱정스러운 문제는 그 자리에서 깨끗이 씻어내야 된다. 어차피 잠자리에 들고 간다고 해결될 문제가 아니다. 그렇기 때문에 더 이상 긴장감을 끌고 들어가서는 곤란하다.

잠을 이루지 못하는 것처럼 휴식을 방해하는 일은 없다. 숙면을 취하는 것이 컨디션을 올릴 수 있는 힘이 된다. 이러한 모든 것들을 종합적으로 활용해 나 자신의 컨디션을 마음껏 올려 보자. 그러면 내가 구상했던 내 인생을 위한 계획도 한결 수월하게 진행될 수 있게 된다.

좌절의 늪에서
벗어나기 ————————

    좌절은 목표의 성취나 욕구의 충족이 이루어지지 못한 결과로 생기는 주관적 일들이다. 살면서 좌절을 피할 수는 없지만 누구나 좌절을 다스릴 수는 있다. 우리에게 마음 아픈 일이 생기든 어떻든 간에 하루는 해가 저무는 것과 더불어 지나간다.

    그러니 더 이상 어찌할 수 없는 일들이 닥칠 때면 두려움에 떨지 말고 그것을 정면으로 직시하고 맞서 싸워야 한다. 좌절을 딛고 일어서기 위해 우선 필요한 것은 의지력이다. 주저앉고 싶을 때 한 번 더 버텨 보고, 참기 힘들 때 오늘만큼은 한 번 더 참아보는 것이다.

    이럴까 저럴까 생각만 한다면 우리의 의지력은 쓸모없게 되고 만다. 팔을 걷어붙이고 힘차게 한번 일어나 보자. 아무리 힘든 일도 끊임없는 노력과 인내로 꼭 이루어내고야 말겠다는 의지로 맞서야 한다.

    나에게 닥친 어려운 일에 대해 좌절로 여기지 말라. 해결할 수 있는 일이라고 여기면 될 일이다. 부정적인 감정보다 긍정적인 마음으로 살아가는 것이 필요하다. 그것이 좌절의 늪에서 헤어나는 길이 된다.

견디자, 다 지나간다

일상 속에서 우리는 이런저런 일들을 겪고 그 안에서 감정들을 경험하며 산다. 외로운 날도 있고, 힘든 날도 있게 마련이다. 그러한 것들이 평상시 삶에 집중할 때는 그다지 감정의 기복이 크게 느껴지지 않는다. 컨디션이 떨어지는 날, 그런 날 심하게 느껴진다.

힘들다, 힘들다 하면 더 힘들어진다. 어디 힘들지 않은 일이 있겠는가. 할 수 있는 모든 노력을 다 했음에도 예기치 못한 일이 일어날 수도 있다. 그때가 바로 자신이 능력을 발휘할 순간이다. 견디자. 다 지나간다.

20여 년 전 담배 끊을 때 일이 생각난다. 5일을 견뎠다. 그게 고비다. 한 번 더 생각하고 한 번 더 참는 거다. 또 5일이 지났다. 그렇게 열흘을 참고 견디며 지나갔다. 견뎌 내겠다는 의지에 관한 문제다. 남들이 한다면 나도 할 수 있다는 의미다. 먼저 경험한 금연 선배들의 얘기를 충실히 따랐던 결과였다.

다소 힘들지라도 마음의 안정을 찾고 평정심을 유지할 수 있어야 한다. 모든 일은 다 지나가기 마련이다. 참고 견디면 밝은 내일이 기다리고 있게 된다. 생활 전선에서 최후의 승리를 거두는 사람은 모두 강한 인내심을 소유한 사람들이다.

살다 보면 힘든 날도 있고, 때로는 이보다 더한 시련에 부딪힐 수도 있다. 이 힘든 시련 또한 한순간이라 할 수 있다.

지금 이 순간 나 자신에게 엄청나게 커 보이는 일들이 있다. 그러나 시간이 지난 후에 보면 별것 아니었던 일로 기억된 일들이 분명 있었을 것이다. 언젠가는 다 지나가는 일들이다. 어렵고 힘든 일, 시련에 괴로워하는 일, 모두가 일순간의 일이다. 견디자, 다 지나간다.

두려움 정도는 깔고 뭉개야 한다

두려움은 일종의 마음의 병이라 할 수 있다. 불안, 걱정, 수치심의 형태로 나타난다. 사실 그러한 것들은 실체가 없거나, 별것 아닌 경우가 대부분이다. 지나놓고 보면 아무것도 아닐 수 있다. 다만 당시에는 인식하지 못했던 것에 문제가 있는 것이다.

한번 심호흡을 하고 차분히 되새겨 보면 이해가 된다. 두려워하는 마음은 판단력을 흐리게 하고 잘못된 선택을 하게 만든다. 두려움을 극복하기 위해서는 그 상황이 정말로 두려워해야 하는 상황인지, 냉정하게 생각해 보는 것도 한 가지 방법이 될 수 있다.

아직 일어나지 않은 일에 겁을 먹기 보다는 두려움을 극복하는 것, 그리고 두려움에 지지 않고 용기를 내는 것, 그것이 더없이 필요하다고 할 수 있다. 그러한 두려움은 어떤 일이 벌어질지 모른다는 상상에서 시작된다.

실제로는 아무 일도 일어나지 않았지만, 일어날지도 모른다는 상상만으로 두려움을 느낄 수 있다. 자라보고 놀란 가슴 솥뚜껑 보고 놀란다는 속담이 있듯, 우리의 정신은 두려움을 경험하게 되면 그 경험을 일반화하고자 하는 경향이 있다.

더구나 매체의 발달로 불안이나 두려움을 가중시킬 수 있다. 나쁜 소식이나 범죄 등의 노출이 조바심을 키운다. 사실 미래에 나쁜 일이 일어날 수도 있다. 하지만 그 일은 현재 일어나고 있는 것이 아니라고 인식해야 한다.

너무 긴장하거나 일을 그르칠 정도가 되어서는 곤란하다. 두려움으로 내가 도전하고 싶은 것을 못하게 된다면, 나를 뒤돌아보며 곰곰이 생각해 봐야 한다. 내가 과도한 해석을 하고 있어 정작 해야 할 일을 못하고 있는 것은 아닌가. 생각의 전환이 필요하다. 어떤 일이든 당당하게 맞서는 나 자신만이 두려움에서 벗어날 수 있는 일이다.

심기일전으로 마음 다스리기

서울에 있는 지인 한분이 마음이 몹시 괴롭다고 하소연을 한 적이 있다. 그는 조그만 공장을 하나 운영했다. 형편이 괜찮았다. 그런데 막내 아들이 패싸움을 해서 교도소에 수감되는 일이 벌어졌다. 그 일로 인해 아내는 지병이 악화되어 병원 신세를 지고 있다고 했다.

심신이 괴로워 술로 나날을 보내는 지경이라는 거다. 그 당시 나는 태백 국유림관리소에 근무하고 있을 때여서 태백에 한번 올 수 있느냐고 했다.

태백산 정상에는 태고 때부터 제사를 지내던 천재단이 있고, 민족의 영산이라 일컫는 산이다. 산이 가파르지 않기 때문에 등산하기에도 알맞은 편이다. 그래서 친지에게 태백산에 올라 일출을 보면서 마음을 다져 보는 게 어떻겠느냐고 권했다. 심기일전하는 계기를 삼는 것도 하나의 방안이 될 수 있을 것이다.

그로부터 몇 주일 후 태백에 한번 들르겠다는 연락이 왔다. 바람을 쐬고 싶다고 했다. 그때가 설 명절을 지낸 지 얼마 안 된 때라 아주 추운 겨울철이다. 등산 장비는 무엇 무엇이 필요하다고 일러두었다.

그날 태백에서 하루를 지낸 새벽에 지인과 함께 등반길에 올랐다. 그는 사업에 신경 쓰느라 그동안 등산은 등한시 했다고 한다. 더구나 눈 덮인 겨울 새벽 산행이라 조심스럽다. 지인의 산행 능력에 보조를 맞춰 가며 천재단까지 올라갔다.

천재단에 오른 후 그는 속이 후련하다고 연신 흥분을 감추지 못했다. 아침 해가 떠오르기를 기다리는 동안 추위를 무릅쓰면서도 좋아하는 듯했다.

드디어 떠오르는 일출에 마음껏 기도를 하며 결국은 울부짖기 시작하는 게 아닌가. 옆에서 보는 내 가슴이 찡했다. 그동안 얼마나 가슴에 응어리가 졌을까. 모진 세월에 좌절의 늪을 보게 된 그였기에 더 했을 것이다.

그로부터 몇 년이 지난 그는 심기일전하여 정상 생활을 하고 있다고 했다. 보다 나은 삶을 살고 있다는 것이다. 만약 그때 그 갈림길에서 좌절하느냐, 일어서느냐는 순전히 본인의 의지에 달려 있다. 그래서 무슨 일이 있더라도 좌절하거나 낙담해서는 안 된다. 무슨 일이든 해결 방안은 있기 마련이다. 방법을 찾지 않고 본인이 그렇게 주저앉아 있을 뿐이다. 어떤 계기를 통해 지금까지 지녔던 생각과 자세를 바꾸는 일은 대단히 중요한 일이다.

좌절하지 않고 곧바로 일어서면 어떤 문제든 해결되지 않는 문제는 없다. 마음을 다잡을 필요가 있을 때는 움츠러들지 말고 일어서야 한다. 그럴 때 길은 훤히 보이게 된다.

대처 능력 키우기

살아가노라면 어느 방향으로 삶을 결정해야 할 것인지가 중요 변수가 발생할 때가 있다. 그러한 상황이 바로 분수령이다.

분수령의 의미는 태백의 매봉산에서 비롯된다. 그곳에는 분수령이 결정되는 피재라는 고개마루가 있다. 이 잿마루에 떨어지는 빗물이 북쪽으로 떨어지면 천릿길 한강이 되어 서해로 가고, 동쪽으로 떨어지면 오십천 강이 되어 푸른 동해로 간다. 남쪽으로 떨어지면 천오백 리 머나먼 낙동강이 되어 남해로 흐른다. 그래서 피재는 삼수령이라고도 한다. 바람의 언덕 삼수령, 그날 바람에 따라 빗물의 운명이 결정되는 분수령이다. 여기서 우리가 다짐해 볼 사항이 하나 있다. 대처할 수 있는 그 바람을 쥐고 있어야 함을 얘기하자는 것이다.

어떻게 대처하느냐에 따라 몇 년 후 나 자신의 운명은 180도 달라질 수 있기 때문이다. 이제 무기력한 생각은 그만두고 일어서야 할 때다.

생각만으로 그쳐선 곤란하다. 그저 막연하게 생각하는 것들은 그냥 우리의 뇌를 스쳐 지나치기 때문이다. 내가 무엇을 원하고 있는지 뚜렷하게 만드는 작업을 반드시 거쳐야 한다. 그러한 과정을 거치고 나면 대처 능력은 생기게 된다.

살다 보면 무기력에 빠질 수도 있고 의욕을 상실할 때도 있다. 이때 어떻게 대처하느냐에 따라 상황은 크게 달라질 수 있다. 대처 능력은 내가 갖춘 만큼 이루어지기 때문이다. 그래서 내가 무엇을 목표로 나아갈지 명확히 방향을 정리할 필요가 있다.

분수령의 방향타는 내가 움켜쥐고 있어야 한다. 승리의 삶을 구가하려면 보다 눈을 크게 떠 보라. 오직 나 자신만이 할 수 있다는 강한 의지로 나가야 한다. 그리하여 옳은 방향을 내 스스로 결정해야 된다. 그렇게 되면 자연히 대처 능력은 남다르게 향상되어 있게 된다.

일상에서 지루함을 몰아내는 방법

지루함은 피로에서부터 시작된다. 일반적으로 육체의 격렬한 활동보다 감정의 태도가 훨씬 더 큰 피로를 유발한다는 것은 잘 알려진 사실이다. 우리는 재미있고 신나는 일을 할 때는 지루함을 잘 느끼지 못한다.

자기가 좋아하는 일에 빠지게 되면 몰입을 느끼게 될 정도의 감정이 된다. 지루함도 전혀 느끼지 못한다. 여기서 느낄 수 있는 교훈은 바로 그것이다. 우리의 피곤함이나 지루함은 흔히 일 때문이 아니라 걱정과 좌절 또는 화 때문에 생기는 경우가 많다.

그러면 어떻게 해야 할까. 빈둥거림을 멀리 해야 될 것이다. 만약 바쁘게 활동하지 않고 이런저런 생각만 하고 있다면 우리의 실행력과 의지력은 약해지고 만다. 그러므로 부지런히 일을 하는 게 바람직한 일이다.

그러면 곧 몸속에 용솟음치는 긍정적 활력이 마음속에 있는 걱정을 몰아낼 것이다. 지금 곧바로 힘껏 일어나서 일을 시작해 보는 것이다. 부질없는 생각 다 버리고 내가 좋아하는 일을 찾아 열심히 해야 한다.

좋게 생각하면 좋게 이루어진다

결혼을 약속한 남녀의 생각은 언제나 희망적이고 좋은 생각으로 가득 차 있다. 매사에 연애할 때의 감정이 지속된다면 얼마나 좋을까. 부정적인 생각이 끼어들 틈이 없다. 그날 우리 작명원에 들른 아주머니네 큰 딸의 생각이 그럴 것이다.

아주머니가 사위될 사람의 사주팔자가 궁금하다고 했다. 이미 결혼 날짜까지 잡아 놓았는데, 그렇더라도 한번 봐 달라는 거다. 만약 좋지 않게 나오면 결혼을 안 시킬 것인가. 그건 아닐 것이다. 난감하다는 뜻을 내비쳤다.

아주머니와는 그 전부터 안면이 있었고, 그 후에도 아파트 매매 계약 건으로 잘 알고 지내는 터였다. 그래서 믿고 부탁해 보는 것이라고 했다. 사랑하는 딸을 남한테 맡긴다는 생각에 확인하고 싶었던 마음일 게다. 부모 마음이야 오죽하랴.

인생살이의 과정을 너무 잘 알고 있으니까, 끝까지 싸우지 말고 잘 살기를 바라는 마음일 것이다. 그러나 결혼 당사자들이야 지금이 더 없이 행복한 순간들이다. 부모님의 깊은 속마음을 헤아릴 겨를이 없다. 모든 일이 낙천적이다. 그들 마음의 창고에는 즐거움으로 가득 차 있다.

사실 남녀 간의 궁합이란 문제될 게 없다. 중요한 것은 오직 마음이다. 옛날에야 궁합을 중요시 했겠지만 요즘은 그게 아니다. 속궁합이 중요하다. 즉 마음과 마음이 중요하다는 의미다. 연애할 때 그 마음이라면 아무리 어려운 일이 닥쳐도 헤쳐 나갈 수 있는 힘이 생긴다.

그들이 가지고 있는 마음의 창고에는 긍정적이고 좋은 생각으로 가득 차 있기 때문이다. 바로 그러한 마음으로 일평생을 살아가면 되는 것이다. 그러면 활기가 넘치고 만사가 즐거움에 휩싸이게 된다. 분명 그렇게 된다. 마음의 창고에 무수히 많은 생각들, 그중에서도 좋은 생각들만 꺼내 쓴다는 것, 그게 더없이 중요한 일이다. 그것은 나만이 할 수 있는 일이다. 누구의 간섭도, 누구의 승낙을 받는 것도 아니다. 오직 내 의지대로 내가 하는 일이다. 연애할 때의 감정, 주체할 수 없이 좋은 생각, 그것이 필요하다. 그러한 마음을 기반으로 해서 내 주관을 펼친다면 못 이룰 일이 없다.

우리의 일상생활, 내가 가진 내 마음의 창고에서 지금 무엇을 꺼내 쓸 것인가에 따라 상황이 확연히 달라질 수 있다. 내 인생의 미래의 성공 여부는 활기가 넘치고 만사가 즐겁다는 긍정적이고 좋은 생각들을 꺼내서 사용하는 것에 달려 있음을 잊어서는 안 된다.

마음 챙김을 활용하라

마음 챙김을 몸소 실천하는 사람이 한 분 있었다. 산림청에 근무할 때의 일이다. 사륜 오토바이에 밀짚모자를 쓴 민원인이다. 자신이 가지고 있는 야산에 어떤 수종의 나무를 심으면 좋겠는지 상담하러 왔다고 했다. 그 외 이것저것 상담하는 내용이 많았었다.

복장이 특이해서 기억에 남아 있었는데, 몇 개월 뒤 다른 동네에서 또 보게 되었다. 그는 인연이라며 커피 한 잔 권하고 싶다고 했다. 몇 번의 사양 끝에 이런저런 얘기를 듣게 되었다.

그가 들려준 얘기의 요지가 바로 마음 챙김이었다. 그래선지 온화한 느낌에 티 없이 밝은 표정이었다. 얘기가 길어짐에도 지루함보다는 솔깃함이 더 강했다. 그냥 이 순간만이 자기 자신의 존재 가치라고 했다. 과거에 매달리다 보면 괴로움이 가중된다는 것이다.

자신 앞에 놓인 운명에 대해서는 더더구나 생각하지 않는다고 했다. 그는 옛날에 시외버스 운전기사 생활을 했다고 한다.

어느 날 교통사고로 인해 여러 명이 다치는 일이 생기고 말았다. 정작 본인은 작은 부상으로 그친 게 오히려 더 가슴 아픈 일이라고 했다. 그것도 본인의 실수로 일어난 사고였다. 밤마다 죄책감에 시달리느라 너무나 괴로웠다는 것이다.

지금껏 그가 할 수 있는 일이라곤 마음 다스리기뿐이라고 했다. 마음을 비우고 오로지 현재의 삶에 충실할 따름이라는 것이다. 그의 얘기를 듣다 보면 분명한 사실이 있다. 마음은 본인의 의지 여하에 따라 얼마든지 평온을 찾을 수 있다는 것이다.

종교적 차원이 아닌 내 일상생활의 범주에서도 마음 다스리기의 생활화는 가능하다는 의미다. 무슨 일이든 굳은 마음가짐이 해결 방안이다. 현재 내가 하고 있는 일에 온 마음을 집중하는 것이 바람직한 일이다.

그저 온전히 편안하면서도 주위가 산만스럽지 않은 상태로 집중시킬 수 있는 마음 자세가 필요하다. 설령 마음이 방황하더라도 휩쓸리거나 두려워할 것은 아니다. 어떤 방해 요소가 주위를 산만하게 만들어도 그냥 내버려둬야 한다.

우리의 마음은 끝이 없는 무한정이라고 한다. 그러한 마음을 심리학 영역의 차원이 아니라 일상생활의 범주에서 생각해 보자. 지금 이 순간 마음을 똑바로 통제하고 조절하며 활용하는 것이 곧 마음 챙김이라 할 수 있다. 그러나 마음을 다스리지 않고 행동만 하다 보면 무엇을 하는지 모르고 들떠 있는 상태로 지내기 쉽다. 즉 내 인생 ○개년 계획을 추진할 때는 마음을 모아서 추진하는 것에 집중하고, 일을 할 때도 마찬가지로 마음을 모아서 하는 것을 의미한다.

우리가 하는 모든 일에 마음을 모아서 챙기는 것이 곧 마음 챙김이다. 현재 내가 하는 일, 바로 그 일에 마음을 집중해서 그 일만을 느끼는 것이다. 즉 내 인생의 계획을 거창한 일이라고 생각하지 말고, 내가 하는 일상의 생활 과정이라고 여기라는 뜻이다. 일차적으로는 마음을 한군데 모으는 게 중요한 일이 될 수 있다, 그것이 바로 마음 챙김의 핵심이라 할 수 있다.

무기력 깨뜨리기

의욕을 북돋아주기 위해 각자 나름대로의 방법들이 있을 것이다. 그래서 소신껏 열심히들 살아가고 있다. 그러다 앞으로 나아갈 때 진척이 없으면 자신감이 결여되고 무력감에 빠져들게 되고 만다. 이럴 때 자신의 무력감보다는 환경 탓, 남의 탓으로 돌리기 쉽다. 그렇다고 해서 잠시 동안은 벗어날 수 있을지 모르겠으나 발전 가능성은 없다. 남의 탓으로 돌리기가 거듭되다 보면 무력감에 완전히 젖어들고 만다. 결국은 자포자기 상태에 빠지게 된다.

동남아 여행지에서 무력감에 빠진 코끼리를 보게 되는 경우가 있다. 그 큰 덩치에 어울리지 않게 조련사의 지시에 잘 따른다. 앉으라면 앉고, 사람도 태우고 정해진 코스대로 잘 간다. 베트남 여행지에서 코끼리 타보기 경험을 했을 때 얘기다.

현지 가이드 말에 의하면 아무리 거센 코끼리도 쉽게 길들이기를 할 수 있다고 했다. 코끼리가 어렸을 때 묶어 놓고 충격을 주면 처음에는 도망가려고 날뛰게 된다. 그러다 벗어날 수 없음을 알고는 무력해진다. 며칠 반복적으로 하면 더 이상 날뛰는 것을 포기하게 되는 것이다.

그 다음에는 풀어 놓은 상태에서 충격을 주어도 날뛰지 않는다. 스스로 도망갈 수 없다고 단정해 버리기 때문이다. 이 핑계 저 핑계로 무력감에 주저앉아 있다면 스스로 마음의 줄을 묶고 있는 코끼리처럼 다른 세상을 볼 수 없게 된다.

환경 탓, 남의 탓으로는 자신이 할 수 있는 일이란 없다. 삶에 대한 의욕이란 늘 세심하게 살피고 꾸준하게 가꾸어 나갈 때 비로소 진가를 발휘하게 된다. 무기력에 젖어들면 되는 일이라곤 없기 마련이다. 당당하게 흔들림 없이 내 인생 계획의 길을 가는 것, 그것만이 이기는 길이다.

배짱으로 부딪혀야 승리한다

머뭇거리다가는 이것도 저것도 되는 일이 없게 된다. 행동으로 옮기지 못하는 사람들은 생각만 하다가 결국 주저앉고 만다. 너무 생각에만 빠져 있다 보면 부정적인 요인이 크게 보이고 결국 행동은 제약을 받게 된다.

그러나 용기 있는 사람들은 배짱으로 부딪히는 것을 두려워하지 않는다. 실천하지 않고 얻을 수 있는 것은 아무것도 없음을 너무나 잘 알고 있기 때문이다. 목표를 향해 일단 뛰어 봐야 한다. 행동으로 옮기고 나면 생각했던 것보다 어렵지 않다는 것을 알게 된다.

배짱도 없고 소신도 없이 일을 하다 비웃음만 사게 된 이솝우화가 있다. 팔려가는 당나귀 이야기다. 익히 잘 알고 있는 내용일 것이다. 아버지와 아들이 당나귀를 팔기 위해 끌고 가는 과정에서 벌어지는 일이다.

그냥 몰고 가니까 타고 가면 될 텐데 하고 비웃자, 아들을 태우고 간다. 가는 길에 또 비웃는 일이 생기자 이번에는 아들 대신에 아버지가 타고 간다. 자꾸 비웃는 일이 생기자, 둘이 함께 타고 간다. 그래도 도중에 웃음거리가 되자 결국은 당나귀를 둘러메고 가게 된다. 강물을 건널 때 힘에 겨워 물에 빠지게 되고, 당나귀는 저 멀리 도망쳐 버리고 말았다.

자기 주관 없이 살다 보면 이렇게 웃음거리가 된다는 교훈적 우화다. 남의 시선과는 상관없이 자기 자신만의 주관을 가지고 배짱으로 밀고 나갔으면 그러지는 않았을 것이다. 이솝우화답게 시사하는 바가 매우 크다. 내 주관은 없고 남의 말에 이리 치이고 저리 치이고 결국 형편없이 되고 만다. 우리의 일상에서도 종종 볼 수 있는 일이다. 소신껏 밀고 나가는 배짱이 요구되는 사항이다. 남의 말을 맹목적으로 잘 듣는 사람은 그 원인을 분석해 봐야 한다.

무지의 소치일 수도 있을 것이다. 자신이 없으니까 그럴 수도 있다. 어떤 일이든 배짱이 있어야 삶이 윤택해진다. 부탁을 받았을 때 거절할 줄 아는 능력도 배짱을 키우는 방법이다. 거절하게 되면 뒤가 편치 않는 것은 소심증의 산물이다.

거절하지 못하고서는 나중에 두고두고 후회하는, 그처럼 어리석은 일이 또 어디에 있을까. 어리석다는 것은 배짱이 없다는 것과 같은 말이다. 배짱 없이는 성공도 기대하기 어렵다. 배짱은 우리가 갖추어야 할 생활 철학이 되어야 한다.

남의 눈을 의식해 체면과 형식에 치우치다 보면 어느 사이엔가 자신은 병들어 곪아가고 있는 처지가 되고 말 것이다. 배짱을 키우기 위해서는 체면과 형식에 치우치는 일은 없어야 한다. 내 삶에 아무런 도움이 되지 않는다.

　지나치게 남을 의식하는 것만 고쳐도 우리는 지금보다 훨씬 더 행복하게 살 수 있다. 내 인생 계획의 원활한 추진을 위해서는 뻔뻔함으로 무장하고 배짱으로 밀고 나가야 한다. 그때 삶에 대한 만족도가 높아진다.

마지막에 웃는 자가 진정한 승리자다

마지막에 웃는 자가 진정한 승리자임을 믿는, 그 믿음이 필요하다. 꿈을 향해 어려움을 헤쳐 나가는 나 자신은 이루지 못할 게 없다. 지금 껏 열정을 쏟아부어 왔기 때문이다. 열정은 내 안에 있다. 내 안에 있는 열정이 모이고, 그것이 자라서 성공의 길로 안내하게 된다.

중간중간 일들은 나의 승리를 위한 과정일 뿐이다. 나 자신만이 이룰 수 있는 일이다. 별것도 아닌 다른 사람과의 비교는 집어치워야 한다. 나 자신을 가로막고 있는 마음의 빗장을 풀 때 길은 보이게 된다. 내가 가는 길에 나보다 월등해 보이는 사람이 있다면 그것은 그 사람들의 허세일 뿐이다. 허세에 현혹됨이 없이 내 갈 길을 가는 게 승리의 길이다.

그렇게 하여 내 인생 몇 년 계획을 위해 달려 온 나 자신이다. 결국 마지막엔 내가 웃게 됨을 느낄 수 있게 된다. 가슴 속에서부터 온몸으로 울려 퍼지는 환희감에 오래오래 젖게 될 것이다. 마지막에 웃게 되는 그 대만이 그 기쁨을 누릴 수 있는 자격이 있다.

그래도 되는 일이 없다면

안된다고 염려할 것 없다. 제5장까지 읽고 여기까지 왔다면 그 자체가 무엇이든 해낼 수 있는 능력이 있다는 반증이다. 다시 한 번 시도해 보면 될 일이다. 인생에 있어서 가장 중요한 것은 무엇인가를 깨닫는 일이다.

그러한 값진 경험을 하자면 우선 할 일이 있다. 나 자신의 현 위치를 파악하는 일이다. 나 자신이 누구인지, 어디쯤 와 있는지, 그리고 지금까지 무엇을 했는지, 진정으로 내가 바라는 바는 무엇인지 다시 한 번 들여다볼 필요가 있다. 그래서 객관적으로 돌아보고 분석하는 것이다.

지금 하고자 하는 것은 거창한 설계 도서를 작성하자는 얘기가 아니다. 자연스러운 내 삶의 방향을 얘기해 보자는 것이다. 그렇다면 이 시점에서 내가 해야 할 일은 무엇일까. 우선 가장 쉬운 것부터 한번 접근해 볼 필요가 있다. 형광펜 하나를 준비하고 제1장부터 다시 한 번 들춰 보자.

그중에 조금이라도 와 닿는 부분이 있다면 진하게 표식을 해 둬라. 거기에다 덧붙일 내 생각이 있다면 책 여백에 곧바로 적어 두도록 해야 한다. 그렇게 제5장까지 해 보기로 한다. 문제는 그 다음부터다.

"구슬이 서 말이라도 꿰어야 보배"라는 말이 있다. 제1장에서 제5장까지 표시해온 결과를 내 인생 ○개년 계획과 오버랩시키는 것이다. 이제 노트 한 권을 준비할 차례다. 그 자리에서 곧바로 계획 수립이 이루어져야 한다.

'내일부터' 이런 생각 집어치운다. 지금부터는 실행 모드로 들어가는 것이다. 내가 아니면 어느 누가 해낼 수 있는 일이겠는가. 오직 나 자신만이 할 수 있는 나의 일이다. 그렇게 자리매김하면 내가 어디쯤 가고 있고 어디로 가야 할 것인가를 깨닫게 될 것이다.

나에게는 긍정의 힘이 있다

여기까지 오면서 느끼는 사항은 각자의 마음가짐에 따라 다를 수도 있다. 느낌이야 다를지라도 내 인생 ○개년 계획의 설정은 오직 한 길이다. 어제는 지나간 것이고 오늘은 새로운 출발이다. 지금부터의 마음가짐이 중요하다.

나 자신의 발목을 잡고 있는 부정적인 생각들은 벗어던지고 더 큰 비전을 품어야 한다. 인생을 바꾸는 일은 복잡하게 느껴질 수도 있다. 그러나 생각을 바꾸는 일은 그리 복잡한 일은 아니다. 나 자신을 위해 이제는 긍정의 힘을 가져야 할 때가 왔다.

삶은 우리를 지배하고 있는 생각, 그 생각에 따라간다는 심리학자들의 견해도 있다. 긍정적 사고 의식을 가져야 한다. 지금까지 거론하고 강조 되었던 얘기들을 취사선택해서 내 것으로 만들어야 한다. 그리하여 내 인생 ○개년 계획의 장으로 나를 내세워야 한다.

성공한 나 자신을 마음껏 느껴 보아라. 긍정적 사고 관념이야말로 에너지를 가져다주는 원천이다. 또한 삶의 비결이기도 한 것이다. 위대한 인물, 성공한 인물, 그들이 다 그런 삶을 산 사람들이다.

전혀 있을 것 같지도 않고, 생각조차 할 수 없는 곳에서 자기 계발을 찾아냈다. 모든 문제점이나 기회 등에서 긍정적인 면을 찾아내고자 무한히 노력을 했다. 장벽이 앞을 가로막아도 무릎 꿇지 않았다. 그렇게 할 때 삶의 의미가 있다. 강한 신념을 가져야 한다. 내 인생 5개년 계획도 마찬가지다.

나 자신에게는 인생을 변화시킬 수 있는 거대한 힘을 지니고 있다. 긍정적 사고를 마음에 품고, 그것을 키워나가게 되면 반드시 그렇게 된다.

행복은 그대 곁에 영원하리라

고대 철학자 아리스토텔레스는 "행복은 우리 스스로에게 달려 있다"고 했다. 행복이라는 것은 내가 마음먹기에 따라 언제나 가질 수 있다는 의미다. 내가 바라보는 대로 바라볼 수 있고, 내가 생각하는 대로 생각할 수 있다는 것이다.

이렇듯 행복론자들이 말하는 행복의 조건이나 방법도 결국 그 뿌리는 마음에서 나오는 것이다. 그러나 모든 것은 나 자신의 마음가짐에 달려 있다는 사실을 인식하지 못하는 것에 문제가 있다.

지난봄엔 봄바람을 쐴 겸 남도 길에 나선 적이 있었다. 언양에 있는 작천정 가는 길목, 그 옆 소로에는 벚꽃 아래 파전집이 몇 군데 있다. 그곳의 파전과 동동주는 색다른 맛이 있다.

개울 따라 더 올라가면 온천 지구로 아직 개발 되지 않은 넓은 벌판이 나온다. 봄철 벚꽃을 보면 가끔 파전집이 생각나곤 했었다. 그래서 강원도에서 경상도 언양까지 먼 드라이브 길에 나서게 됐다. 그러나 정작 작천정 길목은 완전히 딴판으로 변해 있었다. 파전집도 벚꽃도 볼 수가 없고, 그 위쪽 온천지구도 완전 개발이 됐다. 몇 년 사이에 세상은 그렇게 변해 가는 것을, 애틋함이야 없을까 마는 그런 구경도 구경이려니 하고 위안을 삼았다.

무심한 마음은 벌써 다음 행선지 부산 가덕도로 향하고 있었다. 이렇듯 마음의 여유를 가지면 작은 것에도 즐거움을 느낄 수 있고, 그 마음이 행복으로 이어지는 가교 역할을 하게 된다. 어디까지나 행복은 내 마음의 문제랄 수 있다.

그러하거늘 내 인생의 계획이 제대로 이행되고 있다면 그 얼마나 흐뭇하겠는가. 믿는 마음 그 마음이 중요한 일이다. 나 자신이 구상하고 있던 계획을 마음껏 펼치며 살아간다면 그게 값진 행복의 기폭제가 될 수 있다.

먼 곳에서 행복이 다가올 것이라고 생각하고 있는 것은 아닌지. 바로 지금 눈앞에 보이는 것 그것이 행복인 것을. 내 인생 ○개년 계획과 함께하는 나날도 그 또한 행복인 것을. 그러하듯 내가 마음먹기에 따라 언제나 가질 수 있는 게 행복이라는 엄연한 진실을 가슴 깊이 새겨둘 필요가 있다.

내 인생 ○개년 계획을 끝까지 해 온 당신의 앞날에 영원한 행복이 함께할 것이다. 마지막에 웃는 자가 진정한 승리자임을 결코 잊지 않아야 한다.

나는 오늘 무엇을 했나

책을 다 읽었다면 다시 한 번 생각해 볼 일이 있다. 책에 밑줄 친 부분은 있었는지, 어느 부분에서 느낀 바는 있었는지. 느낀 바가 있다면 준비를 해야 한다. 그리고 곧바로 실행 모드로 들어가자.

실행해야 내 것이 될 수 있다. 모든 일은 지금 바로 해야 한다. 살아가는 일은 늘 지금부터다. 내가 찾는 성공은 나 자신의 내면에 있기 때문이다. 모든 것은 나로부터 시작된다. 나 자신에게 반문해 볼 필요가 있다.

나는 오늘 무엇을 했나. 정녕 나를 위해 나는 오늘 무엇을 했는가. 아무리 훌륭한 내 인생 ○개년 계획의 구상이 있다 하더라도 생각만으로 이루어지는 것은 없다.

그렇다면 이제 해야 할 일이 분명해졌다. 꿈을 현실로 만드는 일이다. 나는 해낼 수 있다는 믿음으로 내 인생 ○개년 계획의 장으로 첫발을 내딛는 것이다. 시간은 오는 것이 아니라 지나가는 것이다. 무엇을 하든 시작은 내 몫이며 내가 해야 할 나의 일이다.

아무리 자기 계발 관련 서적을 많이 읽어도 실행에 옮기지 않으면 아무 의미가 없다. 이루고자 하는 일이 있다면 지금 바로 실행에 옮겨야 한다.

아시아 최초의 노벨문학상 수상자 타고르는 말했다.

"우리가 느끼는 것, 아는 것, 재능은 그리 중요치 않다. 오직 실천만이 그것들에 생명을 부여한다. 안다는 것은 행동하는 것이다. 행동은 이해를 동반하며 지식을 지혜로 변모시킨다. 물을 바라보고 있는 것만으로는 바다를 건널 수 없다."

그렇다. 오직 실천만이 내 인생 5개년 계획에 생명을 부여하게 된다. 행동하지 않으면 그 어떤 것도 달라지는 것은 없다. 나의 행동이 곧 내 운명을 결정하게 된다.

만약 느끼는 바가 없다면, 다시 한 번 이 책을 처음부터 찬찬히 들춰 볼 필요가 있다. 당장 실천할 수 있는 목록을 기록해 가며 봐야 한다. 그리고 그중에서 가능한 일부터 접근해 보면 눈에 들어오는 게 있을 것이다.

그때는 지체 없이 행동으로 옮겨야 한다. 느끼는 바를 행동으로 실천했을 때만이 힘이 된다. 내 것으로 만들 수 있는 것이다. 실행에 옮기는 것만이 꿈을 현실로 만드는 방법이 될 수 있기 때문이다.

목표를 이뤄가는 과정은 마치 사다리를 오르는 과정과 같다. 그 목표 지점을 오르기 위해서는 하나씩 밟고 올라가야 한다. 내가 이루고자 하는 그 길을 향해 한 걸음 또 한 걸음 꾸준하고도 끈기 있게 그렇게 가면 될 일이다.

나를 위해 과연 '나는 오늘 무엇을 했나'를 늘 자문해 보자. 나에게 시급한 일은 무엇인지, 시급하지 않은 일에 기웃거리고 있는 것은 아닌지, 오늘도 그렇게 정신줄 놓고 있는 것은 아닌지, 과연 나는 오늘 무엇을 했나. 깊이 있게 한번 들여다봐야 한다.

마음 깊은 곳에서부터 진실된 마음으로 바로 지금 실행에 옮겨야 한다. 실행만이 승리의 길이다. 이 책을 통해 실천으로 달라진 자신의 모습이 될 수 있기를 간절히 소망한다.

참고 문헌

• 《걱정을 멈추고 즐겁게 사는 법》, 데일 카네기, 스토리랜스 편역, 생각의 숲, 2013
• 《나를 변화 시키는 좋은 습관》, 한창욱, 새론북스, 2005
• 《내 인생 5년 후》, 하우석, 다온북스, 2012
• 《당신의 책을 가져라》, 송숙희, 국일 미디어, 2017
• 《마음》, 이영돈, 예담, 2006
• 《배짱으로 삽시다》, 이시형, 풀잎, 2013
• 《백만장자 코스》, 마크 앨런, 홍정희 옮김, 비전 하우스, 2007
• 《오바마 이야기》, 헤더레어 와그너, 유수경 옮김, 명진 출판, 2014
• 《이기려면 뻔뻔하라》, 조관일, 위즈덤 하우스, 2008